비영리의 진화 : 로컬 중간지원조직의 역할

CHIIKI COMMUNITY SHIEN GA HIRAKU KYODOGATASHAKAI : CHIHO KARA HASSHINSURU CHUKANSHIEN NO SHINTENKAI written and edited by Tsuneya Sakurai, et. al.
Copyright © 2024 Tsuneya Sakurai, et. al.
All rights reserved.
Original Japanese edition published by Gakugei Shuppansha, Kyoto.
Korean translation copyright © 2025 by The Possibility Lab.
This Korean language edition published by arrangement with Gakugei Shuppansha, Kyoto in care of Tuttle-Mori Agency, Inc., Tokyo through Imprima Korea Agency, Seoul.

이 책의 한국어판 저작권은 Imprima Korea Agency를 통해 Tuttle-Mori Agency, Inc.과의 독점계약으로 더가능연구소에 있습니다.
저작권법에 의해 한국 내에서 보호를 받는 저작물이므로 무단 전재와 무단 복제를 금합니다.

이 책은 2021년 대한민국 교육부와 한국연구재단의 지원을 받아 수행한 연구결과이다 (과제번호 : NRF-2021S1A3A2A01096330).

서강대학교 SSK(Social Science Korea) 지역재생 연구팀은 2018년부터 교육부(한국연구재단) 지원으로 지역창업과 중간지원조직을 중심으로 지역변화의 가능성을 연구하고 있다.

비영리의
진화
로컬 중간지원조직의 역할

사쿠라이 쓰네야 편저
윤정구 · 조희정 역

집필 배경

이 책은 2011년 동일본 대지진 부흥사업 때문에 시작되었다. 이 사업은 후쿠시마 원전 사고 피해지 나미에정(浪江町)이 피해지와 전국에 흩어진 피난민을 연결하기 위해 진행한 사업으로서 나미에 마음 프로젝트[1]와 나미에정 부흥지원원사업[2]으로 구성되었다.

나는 사업 총담당자로서 재해 직후의 혼란 속에서 일했다. 그 과정에서 전국 중간지원조직의 지원이 큰 힘이 되었다. 갑작스럽게 이메일로 협력을 부탁했는데 일면식도 없는 내 의뢰를 흔쾌히 받아주던 그 중간지원조직들과 지금까지 어느덧 11년간 함께 했다.

마침 그간 진행한 사업을 정리해보자는 의견이 나왔다. 처음에는 2011년 사업만 기록하려고 했지만 함께 한 중간지원조직 하나하나 너무 소중했다. 미증유의 재난으로 해결이 막막한 어려운 상황에서 피해자, 자원봉사자, NPO, 대학, 행정 등과 함께 하며 중간지원조직 활동과 그 의미를 크게 실감하기도 했다.

1998년 「특정비영리활동촉진법(일명 NPO법)」 시행 후 25년이 지났다. 1990년대 후반 일본에서 NPO와 중간지원조직의 역할을 설정한 당시 제안자들은 어떤 미래를 그렸을까? 그런 미래상이 2011년 동일본 대지진

---
[1] 피해지를 떠나지 않은 주민의 소리를 담은 '나미에 마음 통신' 소식지를 월 1회 전국의 나미에 피난민에게 발송하는 프로젝트.
[2] 전국의 피난민을 위해 10개 거점에 지원 인력으로서 부흥지원원을 배치하는 프로젝트.

복구과정에서 어떻게 구현되었을까? 그리고 앞으로 어떻게 해야 할까? 이런 고민으로 이 책을 쓰게 되었다.

집필 과정

우선 2023년 4월, 현장 실천 과정을 검증하기 위해 '지속가능한 지역사회를 실현하는 중간지원 기능 검증과 전개 연구회'를 시작했다(도요타재단이 지원한 이 연구회의 논의 내용은 이 책 마지막 부분 참조).

홋카이도에서 오키나와까지 전국 각지의 중간지원조직이 참여한 연구회에서 5회에 걸쳐 지방도시의 다양한 실천 사례를 공유했다. 그러면서 중간지원조직의 사회적 의미를 재인식하고 각자 해왔던 실천의 의미를 돌아보았다.

NPO와 중간지원조직을 창시한 사람들이 그렸던 일본 비영리조직은 오늘날 다양한 문제에 직면해 있다. 협동형 사회[3]를 명분으로 시작한 지정관리자제도 및 사업 위탁을 둘러싼 행정 관계 속에서 오히려 중간지원조직 자체가 사업 청부형 조직으로 변질되고 조직간 경쟁과 분열이 과열된다는 비판도 늘 반복된다.

이런 현실을 우리는 어떻게 받아들여야 할까? 이제라도 제대로 된 중간지원조직의 기능과 사회적 역할을 찾기 위해 노력해야 하지 않을까? 급속한 고령화와 인구 감소에 직면하여 중간지원조직을 매개로 협동 사

---

3) 이 책의 원제는 『지역 커뮤니티 지원이 개척하는 협동형 사회: 지역에서 시작되는 중간지원조직의 새로운 전개(地域コミュニティ支援が拓く協働型社会: 地方から発信する中間支援の新展開)』이다. (역주)

회를 재건할 수 있을까? 이 책은 이러한 질문의 답을 찾으려는 노력이다.

책의 구성

이 책은 전체 4부로 구성했다.

1부는 일본 중간지원 기능의 역사를 정리하며 특히 협동형 사회를 중심으로 그간 논의된 문제들을 살펴본다. 동시에 중간지원조직이 NPO 시민활동 지원에서 지역 커뮤니티 지원으로 지원 범위를 확대하게 된 최근 변화까지 검토한다.

2부는 이 책의 출판 계기가 된 동일본 대지진 부흥사업 과정에서 중간지원조직이 수행한 역할을 검증한다. 특히 나미에정의 분산 피난 과정에서 전국 중간지원조직이 네트워크를 형성하며 일사분란하게 협동한 과정을 자세히 소개한다.

3부는 지방을 중심으로 형성되는 중간지원조직의 새로운 기능을 소개한다. 특히 2010년 이후 등장한 지역원탁회의, 마을 지원, 당사자 의식, 아웃 리치[4] 등 새로운 방식의 목적과 노하우를 실천 당사자들이 직접 소개한다.

4부는 이런 일련의 중간지원 기능 전개가 앞으로 사회에 미칠 영향을 검토한다. 특히 (1부에서 과제로 제시한) 협동형 사회 형성과 어떤 관련성을 맺게 될지 중점적으로 알아본다.

---

[4] 아웃 리치(out reach)는 지역 현장으로 찾아가는 적극적인 공공 지원활동을 의미한다. (역주)

연구회 진행 및 책 출판을 도와주신 여러분께 감사드린다. 나의 서투른 문제의식을 이해하고 지원해 준 도요타재단의 오노 미쓰루(大野満), 무토 료타(武藤良太), 와시자와 나쓰미(鷲沢なつみ) 님으로부터 큰 도움을 받았다.

또한 출판사의 이와사키 켄이치로(岩崎健一郎), 오치 가즈코(越智和子)님은 늦게 원고를 전했는데도 신속하게 대응해 주셔서 책이 출판될 수 있었다.

이 책의 메시지가 NPO·시민활동단체, 중간지원조직 활동가, 행정 관계자는 물론 이 주제에 관심 없던 분들에게 잘 전달되기 바란다. 그런 마음으로 중간지원조직 당사자들이 활동의 민낯을 가감 없이 모두 보여 주기로 결심하며 집필했다.

모쪼록 이 책을 계기로 중간지원조직의 실천을 좀 더 깊이 이해하고 협동에 대한 논의가 더 확산되면 좋겠다. 우리들이 어떤 메시지를 남겼는가에 대한 평가는 그 논의에 맡기고자 한다.

2024년 2월

사쿠라이 쓰네야

| 목차 |

시작하며

1부 | 협동형 사회 형성과 중간지원조직

  1장. 왜 지금, 중간지원인가 사쿠라이 쓰네야 …12
  2장. 일본 중간지원 기능과 그 과제 : 2010년까지를 중심으로
      다지리 요시후미 …25
  3장. 지방의 중간지원 기능 형성과 전개 사쿠라이 쓰네야 …41
  4장. NPO·시민활동에서 지역 커뮤니티 지원으로 사쿠라이 쓰네야 …52

2부 | 동일본 대지진 부흥 사업과 중간지원조직의 역할

  5장. 중간지원조직의 지역 외 피난민을 위한 새로운 지원방법 사쿠라이 쓰네야 …60
  6장. 지역 외 피난민 지원사업과 중간지원조직 나베시마 요코 …76
  7장. 피난민 지원 경험을 통해 배운 '중간지원조직'의 위상
      하타케야마 준코 …86
  8장. 도호쿠 지원에서 배운 것을 규슈에서 살리다 이야나가 에리 …96
  9장. 광역형 중간지원 기능 전개와 그 가능성 다카다 아쓰시 …107

3부 | 중간지원의 새로운 기능과 전개

지역원탁회의
10장. 수단으로서의 원탁회의 요코타 요시히로 …120

지역원탁회의
11장. 오키나와식 지역원탁회의의 운영과 전개 미야지 기이치 …131

NPO 지원에서 거리 지원으로
12장. 지역 인재 육성과 중간지원 네트워크 데쓰카 아케미 …142

NPO 지원에서 마을 지원으로
13장. 마을의 중간지원 이시하라 다쓰야 …152

중간지원시설의 지역 자치 지원
14장. 아웃리치형 중간지원 실천과 의미 오노데라 히로키 …166

4부 | 지역 자치 지원이 만드는 협동형 사회

15장. 중간지원 기능의 네트워크화와 발전 가능성 사쿠라이 쓰네야 …184
16장. 지역자치 지원이 만드는 협동 과정 : 함께 배우는 사회로
   사쿠라이 쓰네야 …193

[부록] 중간지원기능 연구회 종합 좌담회

- 주제 1 : 지역 지원의 방법과 의미 …208
- 주제 2 : 협동형 사회 되돌아보기 …213
- 주제 3 : 지역 과제 발굴 및 공유 …216
- 주제 4 : 중간지원조직의 과제 …218

역자 후기 …221

1부
협동형 사회 형성과 중간지원조직

1장
왜 지금, 중간지원인가

사쿠라이 쓰네야(櫻井常矢)

1. 중간지원 기능은 무엇인가

일본에서는 NPO법 제정을 계기로 봉사자 단체와 풀뿌리 시민활동 단체에 법인격이 부여되었다. 시민공익활동이 시민사회를 지탱하는 담당자로서 제도적·실천적으로 움직이기 시작했다. 이른바 '공익 재정의의 시대'가 열린 것이다.

행정만 담당했던 공익 영역에 시민이 주체가 되는 새로운 섹터가 등장했다.[5] 동시에 다양한 제도 및 환경 등 기반 정비와 인재 및 정보 등 자원 연결이 새로운 과제로 대두되어 이런 과제를 담당할 주체로 중간지원 조직이라는 새로운 형태의 조직이 등장했다. 그로부터 25년이 지난 지금

---

5) 제1섹터 정부, 제2섹터 기업에 더하여 시민이 주체가 되어 활동하는 영역을 제3섹터라고 부른다. (역주)

중간지원조직은 사회에서 어떤 존재가 되어 있을까?

중간지원이라는 키워드는 비영리단체 활동가 뿐만 아니라 행정, 기업, 연구자들도 많이 쓰는 용어다. 그렇기 때문에 중간지원의 의미와 기능에 대한 해석은 쓰는 사람에 따라 다르다.

지역과 단체의 (중간) 연결을 의미하기도 하고 행정 보조금을 (중간에서 관리하며) 단위 자치회에 분배하는 조직을 의미하기도 한다. 그렇다면 도대체 중간지원의 정확한 의미는 무엇일까? 지원이 필요한 개인이나 단체를 직접 지원하는 것과 다른 것인가? 중간은 무엇과 무엇의 중간인가?

과연 (1998년 법 제정 당시 목표로 제시한) 협동형 사회는 구현되었는가? 새로운 시민사회 구축과 협동형 사회를 만들기 위해 중간지원 개념을 도입했지만 오히려 그로 인해 당사자들만의 폐쇄적 논의만 형성된 것은 아닐까? 중간지원 기능의 검증에 대해 새로운 논의나 전망이 가능할까?

나는 고령화와 인구 감소라는 사회의 불가피한 문제에 직면하여 중간지원조직을 둘러싼 새로운 움직임에 관심 있다. 특히 기존 NPO·시민활동 지원사업뿐만 아니라 다양한 지역 문제에 직면하여 담당자 부족 문제를 경험하고 있는 지역 커뮤니티 활동에 관심 있다.

그 대표적 사례가 2011년 동일본 대지진이다. 사고 후 피해 복구·부흥 과정을 통해 행정, NPO, 대학 등의 역할이 크게 변했다. 물론 중간지원조직도 예외는 아니었다. 중간지원조직은 이전에 주로 지원하던 NPO 뿐만 아니라 피해자의 생활 복구, 생업과 커뮤니티 재생 등 지역 경제, 교육, 환경, 문화 등 각 부문의 다양한 주체와 만나며 새로운 관계성을 형성했고 스스로 새로운 지원방법을 만들면서 새로운 정체성을 형성했다.

또다른 관심사는 고령화와 인구 감소다. 대도시보다 훨씬 리얼하게 이런 문제를 체감하고 매일매일 해결을 위한 시행착오를 경험하는 지방에 주목하고 싶다. 곤란한 지역 문제나 사람들의 고뇌와 마주해야 다양한 지혜와 궁리를 꾀할 수 있기 때문이다.

2. 중간지원 개념의 딜레마

NPO의 여명기에 NPO법은 중간지원 개념을 제시했다. '특정비영리활동' 요건으로 제시된 20개 조건 중 19번째 조건, '각호에 제시한 활동을 하는 단체 운영, 활동에 관한 연락, 조언 또는 원조 활동'이 그것이다. 이 정의에 따라 중간지원조직을 'NPO를 지원하는 NPO', 혹은 전문 단체를 지원하는 조직과 구별하여 '통합형 중간지원조직'이라고 부른다.[6]

(이 책에서 반복 소개하는) 중간지원조직 유형은 기능을 중심으로, ① 기반정비조직(infrastructure organization), ② 자원중개조직(intermediary organization), ③ 경영지원조직(management support organization)으로 구분한다.

---

[6] 이 외에 기부 조성과 자원 중개 목적의 특정비영리활동법인, 시민사회 창조펀드·NPO법인제도·우대세 등 기반 정비 목적의 인정특정비영리활동법인 시즈(シーズ, NPO법인으로서 NPO법이 제정되도록 앞장 선 단체)같은 전문 부문 특화형, 전국 이동 서비스 네트워크·전국 먹거리 지원 활동 협력회 등 활동부문 특화형 등 목적과 지원 대상에 따라 다양한 분류가 가능하다. 이 책에서는 일부 이런 기능을 포함하면서 NPO·시민활동을 통합적으로 지원하는 '통합형 중간지원조직'을 특히 중점적으로 소개한다. 통합형 중간지원조직에 대해서는 나카지마 도모히토(中島智人). 2015. "英国の中間支援組織." (公益法人協会 編. 2015. 『英国チャリティ』. 弘文堂. p.194) 참조.

이 3개 기능은 일본NPO센터[7] 설립(1996년)을 앞두고 두 번의 미국 현장 조사를 통해 국내에 소개되었다.[8] 일본에서는 이 기능을 수행하는 조직을 중간지원조직이라고 부른다. 다만 일본NPO센터는 설립 취지에서 스스로를 '민간 비영리 부문에 관련된 기반정비조직'이라고 밝혔는데 이처럼 지원조직의 목적에 따라 3개 기능 중 어느 하나만 특히 강조하는 경우도 있다.

현재 (이 요건을 충족하는) 전국의 중간지원조직은 127개 단체, 시민활동지원센터 등 별개 명칭으로 행정이 설치한 중간지원시설은 363개다.[9] 각지의 중간지원조직 정착 과정에는 제안자들의 고뇌가 담겨 있다.

민간 지원조직이자 공립 중간지원시설 운영 주체로서 선도적 기관인 센다이·미야기NPO센터(이하 센·미센터)[10] 사례를 살펴보자.

센·미센터는 센다이시를 거점으로 활동하는 민간 중간지원조직으로서 1997년 11월 설립되었고 1999년 6월부터 공립 센다이시 시민활동 서포트 센터(이하 센다이 서포센)[11]를 위탁 운영한다.

대표이사 고 가토 데쓰오(加藤哲夫)는 센·미센터를 '중간지원/기반정비조직'이라고 소개했다.[12] 당시 센터 사업으로는 애드보커시(advocacy,

---

7) https://www.jnpoc.ne.jp (역주)
8) 日本NPOセンター, 1997. 「日本NPOセンター設立に関わる訪米調査報告書」.
9) 일본NPO센터의 「NPO지원센터 실태조사 2022」에 의하면 중간지원시설 127개는 설치 주체 기준으로 행정 설치 121개, 사회복지협의회 등 민간 설치 6개, 운영방식 기준으로 공립공영 25개, 공립민영 71개, 협동운영 31개, 재원 기준으로 지정관리 50개, 업무위탁 41개, 보조금 2개 등으로 구분된다.
10) https://minmin.org/ (역주)
11) https://sapo-sen.jp/ (역주)
12) 센다이·미야기NPO센터. 1988.12.25. 「1년간 활동으로 나타난 것」. p.42.

정책 제안) 기능과 싱크탱크 기능이 강조되었고 시민활동단체 지원 기능은 모색 중인 단계였다.

과거 기록을 살펴보면 설립 5년 후인 2002년에 이르러서야 스스로 중간지원조직이라고 부르게 되었다고 한다.[13] 그 계기는 '지원 자원 제공 시스템' 개발이었다(〈그림 1-1〉).

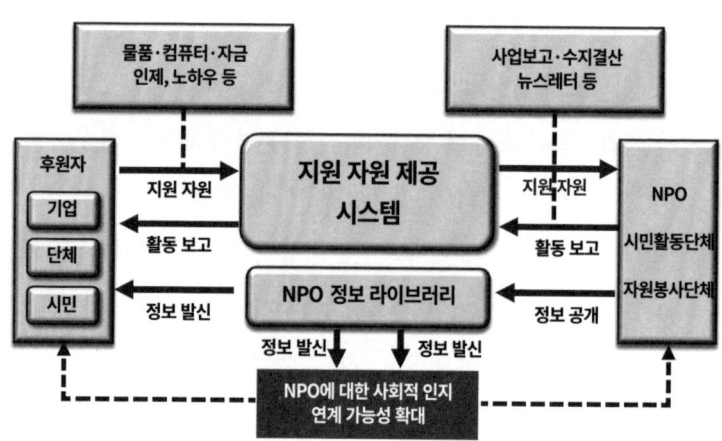

〈그림 1-1〉 지원 자원 제공 시스템

NPO에는 제1고객(일반 시민)과 제2고객(후원자)이 있다. 그러나 제1고객에만 치중하고 제2고객을 확보하기 어려운 것이 현실이다. 그래서 지원조직이 후원자를 모집하고 NPO에 다양한 경영 자원(물품, 컴퓨터, 자금, 인재, 노하우 등)을 후방 지원하도록 구성한 것이 지원 자원 제공 시스템

---

13) 센다이·미야기NPO센터 설립 5주년 기념지 「센다이·미야기NPO센터의 일」(2002.11.01) 제1장.

이다.

이 시스템은 미야기현 40여 개 기업·단체가 2000년 5월부터 추진한 프로젝트를 통해 2년간 개발한 것이다. 시스템 개발을 위해 연구회 15회, 워킹그룹 회의 68회, 세미나·심포지엄 10회를 실시했다.

가토 대표이사는 중개 기능을 갖춘 이 시스템을 '중간지원 시스템'이라고 명명했다.[14]

미국 모델처럼 자원중개 기능, 즉 자금 순환 중심 장치에 한정되지 않는 보다 넓은 의미로 독자적 중개 기능을 갖춘 시스템을 강조한 명칭이다.

가토 씨는 중간지원이라는 말을 신중하게 선택했다. 지원대상인 NPO가 지원조직을 어떻게 신뢰하게 만들 수 있을까를 고민했기 때문이다. 당시 지원조직이 행정과 NPO의 '중간'에서 행정의 재정 지원을 재분배하고 동시에 NPO 단체도 총괄하는 주체이기 때문에 중간지원조직이라는 말을 너무 안이하게 쓰지 않도록 직원들에게 당부했다.[15]

센다이 서포센을 위탁운영 할 때에도 각지의 공립 지원센터 대부분이 위탁단체 사무소가 되는 상황이니 센다이 서포센은 별도 장소에 자부담으로 사무실을 마련하게 하여 행정 위탁이 '지원조직 후원'을 의미하는 것이 아니라는 사실을 강조했다.[16] 기존에 존재하는 '중간' 개념을 어떻게든 창조적 개념으로 재적용하려고 노력한 것이다.

---

14) 센다이·미야기NPO센터. 1988.12.25. p.40.
15) 센다이·미야기NPO센터 다카다 아쓰시(高田篤, 도호쿠권 지역만들기 컨소시엄 사무국장) 인터뷰(2023.08.01).
16) 센다이·미야기NPO센터. 1988.12.25. p.26.

3. 수요와 격차 : 중간지원조직의 과제

실제로 중간지원 기능은 지원하는 단체에 어떤 영향을 미쳤을까? 자립 경영과 문제 해결을 목표로 하는 단체에 필요한 지원을 했을까? 이 부분은 동일본 대지진 피해지에서 활동한 중간지원조직 16개 연합단체인 광역네트워크 NPO서포트링크의 조사결과를 참조할 필요가 있다.[17]

우선 '중간지원조직의 조언과 지도가 단체에 어떤 효과가 있었는가'라는 질문에 대해 '유용한 정보를 입수할 수 있었다'(68개 NPO, 이하 괄호 안의 숫자는 응답 NPO 수), '활동 의미를 재확인했다'(59개), '활동 지역 네트워크가 확장되었다'(57개), '법인 기반이 강화되었다'(36개)라는 응답이 나왔다.

반대로 소수 의견으로는 '연결 대상과 매칭되기보다는 기존 사업이 개선되었다'(15개), '새로운 사업이 만들어졌다'(15개), '법인의 자금조달 능력이 향상되었다'(16개) 등이 제시되었다.

즉 중간지원조직의 지원을 통해 '네트워크 확장'과 '유용한 정보 입수'를 했지만 '신규 사업 창출'과 '기존 사업 개선' 등은 잘 이루어지지 않았다는 것이다. 결국 중간지원조직의 기능에서 사업 수정과 변화, 자금조달 능력 같은 경영 개선 필요성이 문제로 제기되었다.

최전선에서 문제 해결에 힘쓰는 NPO에 대한 인식에 대해서도 흥미

---

17) NPO서포트 링크, 'NPO 활동과 과제·NPO가 느끼는 지역 과제에 관한 조사.' 2022.04.20.~05.31까지 온라인 조사. 이와테현, 미야기현, 후쿠시마현 133개 단체(NPO법인 117개, 일단사단법인 12개, 그 외 4개)가 응답. 조사보고서는 https://www.nposl.jp/questionnaire-bulletin_20220711/ 참조. (역주)

로운 데이터가 있다.

'A : 단체가 해결을 목표로 실행하는 지역 과제는 무엇인가'라는 질문에 대해 상위부터 '아이·육아 지원'(34개), '다세대간 교류 지원'(32개)이 다수 의견이었다.

'B : 단체가 활동하는 지역의 당면 과제는 무엇인가'라는 질문에 대해서는 앞서 나온 두 개 항목은 하위로 내려가고 그 대신 '청년 감소, 일꾼 부족'(54개), '지역 일꾼을 키우는 장치가 없다'(46개)고 나왔다.

A와 B 사이의 격차, 즉 단체 목표와 지역 수요 사이에 괴리가 나타났다. 물론 지자체 재원이 특정 분야에 편중될 수 있기 때문에 이런 결과가 나타날 수 있다. 그러나 '지역 문제 해결보다 자기 단체의 자원 확보에만 치중한다'는 비판도 피하기 어려운 상황이다.[18]

원래 NPO는 지역 수요에 부응하면서 필요 서비스를 개발·제공하기 위해 활동하지만(마켓 인 방식)[19], 재원 등 자원 확보가 쉬운 서비스만 우선시 할 가능성도 높다(프로덕트 아웃 방식)[20].

예를 들어 원폭 피해지와 일상생활에서 심각한 문제로 나타난 청장년 은둔형 외톨이 문제 등에 대해서는 효과적으로 대응하지 못했다는 평가를 받은 적도 있다. NPO의 지역 문제 파악 방법이 중요한 의제로 부상하고 있는 것이다.

---

18) NPO서포트 링크. 2023.03.29. '도호쿠NPO포럼 in 센다이 2022 오프닝 세션'. https://www.nposl.jp/tohoku_npo_forum_2022_report-opening/ (역주)
19) 마켓 인(market in) 방식은 소비자의 수요를 조사하고 그에 맞춰 상품과 서비스를 제공하는 방식이다. (역주)
20) 프로덕트 아웃(product out) 방식은 시장의 수요가 아니라 생산자의 형편과 생각에 따라 상품과 서비스를 제공하는 방식이다. (역주)

지역 수요를 둘러싼 격차에 대해 과거에도 눈여겨볼 만한 지적이 있었다. 중간지원조직 입장에서는 제공 서비스가 있다고 생각하지만 NPO 입장에서는 그렇지 않다고 평가하는 경우도 많았다.

특히 '조직 경영 능력 향상 지원', '네트워킹', '인재 육성 지원' 부문에서 그런 결과가 높게 나타났다.[21] 시대가 다르기 때문에 항목은 달라질 수 있지만 중간지원조직과 NPO, 중간지원조직과 지역사회간 인식 격차가 여전히 크다는 것은 부정할 수 없는 사실이다.

각 주체의 인식이 다르다는 것은 서로 대화 없이 그저 각자 입장에서 인식한 것을 지역 과제로 설정한다는 것을 의미한다. 과연 그것이 진짜 지역 과제일까를 함께 논의하는 경우가 너무 없다. 그것이 큰 문제다.

4. 형해화되는 '과정'으로서의 협동

1990년대 후반 이후 NPO가 활성화되면서 시민과 행정의 협동이 중심 정책과제로 등장했다. 가장 대표적 사례는 '요코하마시 시민활동과 협동에 관한 기본 방침(일명 요코하마 코드)'(1999년 3월)[22]이다. 지금까지 대부분의 지자체는 이 방침을 모델로 협력 관련 제도를 만들고 있다.

요코하마 코드는 시민활동과 행정의 '협동 원칙'으로 대등, 자주성

---

21) 株式会社 第一総合研究所. 2002. 「中間支援組織の現状と課題に関する調査」(2001년 내각부 위탁조사). p.27, p.29.
22) https://tinyurl.com/2dg943js (역주)

존중, 자립화, 상호이해, 목적 공유, 공개라는 6개 항목을 규정한다. 여기에 기초한 구체적 '협동 방법'은 보조·조성, 공동 개최, 위탁, 공공재산 활용, 후원, 정보교환이라는 6개 방식을 제시한다. 이런 원칙에 근거하여 시민활동과 행정이 협동관계를 구축한 후 기본 사항을 결정하는 식으로 진행한다.

요코하마시는 2000년 시민활동 추진 조례를 제정하여 시민활동 지원센터 개설과 시민활동 공동 사무실을 설치하고 시민활동 지원사업을 시작하는 등 제도적이고 체계적으로 협동정책을 진행했다.

2004년에는 그동안 요코하마 코드 이념을 충분히 실천하지 못했다는 평가 하에 새로 '협동 추진 기본 방침'을 정하여 시민협동 추진사업부를 설치하고 시청과 연대하여 세부 사업을 전개했다.[23] 현재의 기본 방침은 2012년 수정본으로서 그해 6월 시민협동조례로 제정된 것이다.

이런 분위기 속에 행정 부문에는 협동과 시민활동 지원 담당 부서가 설치되었고 각과에도 협동 담당 직원 등이 배치되었다. 그러나 과연 실질적인 협동이 이루어졌는가는 여전히 미지수다.

협동은 어디까지나 지역적·사회적 과제 해결을 위한 수단이다. 동시에 지역 과제 발견과 체감, (역할 분담을 포함한) 주체간 대화, 과제 해결을 위한 실천, 정책 평가도 수반해야 한다.

요코하마 코드에도 '정책추진과정에서 사업 담당 주체들이 협동 원

---

23) 이 지침에서 협동은 '공공 서비스를 담당하는 다른 주체가 지역 과제와 사회적 과제를 해결하기 위해서 상승효과를 내면서 새로운 장치와 사업을 만들어 시행하는 것'을 의미한다(요코하마시. 2012.10. '협동 추진 기본 지침')

칙에 따라 협동 필요성과 사업 목적, 역할 분담 등을 대등한 입장에서 대화하고, 합의하는 과정이 중요하다'고 강조한다.

그러나 지역 과제 발견과 공유를 둘러싼 관계는 협동 관계로 진행되기보다는 일방향적으로 진행되는 경우가 많다. 즉 사전에 행정이 일방적으로 정한 지역 과제를 그대로 NPO에 위탁하거나 거꾸로 NPO가 협동 제안형 사업이라고 제안한 과제가 그대로 협동사업으로 채택되어 버리는 식이다. 활동 그 자체가 목적이 되어버린 채 지역의 잠재적 과제 발굴이나 수평적 논의구조 및 논의 공유 등은 사라져 버리고 마는 것이다.

협동 과정이 이렇게 형해화된 원인은 여러 가지다.

우선, 2000년대 NPO계에 나타난 '운동에서 사업으로'라는 분위기다. 1970년대 일본에는 공해 문제를 시작으로 다양한 지역 과제가 심각해지고 그 해결을 위해 행정과 기업에 의견을 제시하는 의견제시형 시민운동이 확대되었다.

육아 지원 등 특정 지역 과제에 대한 관심을 원동력으로 형성된 시민 참여가 1990년대 후반 이후 NPO 확산과 연결되면서 조직의 자립 경영에 대한 관심이 높아졌다. 즉 경영 기반이 취약했던 임의단체가 NPO라는 조직·법인으로 변하면서 사업을 통해 사회 과제를 해결하고, 회비와 기부 등 자주 재원뿐만 아니라 조성금, 사업 위탁 등 사업체 존립만 과도하게 지향하게 되었다.

그러나 '사업을 통한 과제 해결'은 NPO만 할 수 있는 것이 아니라 기업도 얼마든지 할 수 있다. 사업성만 강조하면 NPO 고유의 독자성을 발휘하기 어렵다. 일부러 NPO 고유의 역할을 하고자 단지 한 명의 문제에 불과한 일을 지역 과제로 부풀리고, 공연히 많은 시민을 끌어들여 지역적·사회적 과제로 만들어버리는 일은 피해야 한다.

사업 수탁과 조성금 획득을 통한 사업성만 강조하고, 지역 과제 발굴과 공유라는 과정을 누락시킴으로써 운동체로서 NPO 고유의 역할이 형해화되어 버렸다.

협동 과정의 형해화에는 행정 책임도 있다. NPO가 제도화되면서 협동 담당 부서가 설치되었지만 이는 수직적 행정의 일부가 담당하는 협의의 협동일 뿐이었다. 협동 담당과가 설치되었지만 협동에 대한 대응은 현저히 둔감해졌다. 각 지자체에서 협동 매뉴얼을 만들어도 상황은 나아지지 않았고 오히려 지역 과제를 다루는 과들이 협동과 거리가 먼 방식만 진행한다는 오해만 쌓여갔다.

'협동 방법'의 하나인 위탁방식도 NPO에 위탁하는 것 자체가 협동이라는 식으로만 이해하여 정작 위탁에 이르는 과정에서는 협동이 이루어지지 않고 있다. 행정에서 민간에게 일방적으로 업무를 이관하고 위탁하는 것을 협동이라고 말하지는 않는다.[24]

지정관리자제도가 만들어지면서 NPO들은 수탁 자체를 목적으로 하며 기관간 경쟁이 심화되었다. 행정 위탁 사업과 지정관리자 지정을 '이제까지 관련 없던 행정에 들어갈 수 있는 기회, 내부 조직 변화의 호기'로 여기는 경향도 나타났다.[25]

---

24) 지정관리자제도와 업무 위탁의 성격, 과제에 입각하여 요코하마시의 시민협동조례(제12조)는 협동 계약이라는 새로운 방식을 도입하여 차별화하였다.
25) 다지리 요시후미(田尻佳史)(일본NPO센터 상무이사)의 인터뷰(2023.05.20.).

요코하마 코드 이후 협동의 제도화가 전국에 확산되었지만 제도화로 인해 (수단으로써의) 협동이 목적이 되어버렸다. 주객이 전도된 것이다.

협동의 본질적 의미와 제도, 중간지원조직의 운영과 기능은 각 지역 사정에 맞춰 시민들이 참여하여 독자적으로 구성하는 창조적 영역이다. 그러나 실제로는 창조보다 모방이나 제도화 자체만 목적이 되어버렸다.

그렇다고 지자체에서 보다 자세하고 엄격하게 협동의 제도화를 정비하겠다고 한다면 그건 20년 전으로 후퇴하는 것이다. 우선 필요한 것은 NPO·시민활동 고유의 역할을 파악하면서 행정이나 기업과 협동하는 것의 의미를 찾는 것이다.

오래 걸리는 그 과정에서 중간지원조직은 어떤 역할을 할 수 있을까? 우리의 최대 관심사는 이것이다.

2장
일본 중간지원 기능과 그 과제
- 2010년까지를 중심으로

다지리 요시후미(田尻佳史)

1. 일본 중간지원 기능의 탄생 과정

시민과 민간 조직이 자발적·주체적으로 사회문제 해결을 위해 나선 역사는 오래되었다. 그 가운데 2차 대전 후의 민주화를 중심으로 진행된 민간 지원 역사를 살펴보자.

탄생의 역사 ① 전후 공사 분리 원칙

전후, GHQ(연합군 최고사령관 총사령부)가 진행한 일본 민주화 과정에서 자선·교육·박애사업을 하는 민간 사업자의 자주성 확보를 위해 공권력의 부당한 개입·간섭·자금갹출을 금지하는 '공사 분리 원칙'이 헌법 제89조로 제정되었다.

이에 따라 민간 자선활동 유지 장치로 1951년「사회복지 사업법」이 제정되어 중앙사회복지협의회(현: 전국사회복지협의회)[26]와 공동모금회[27]가 설립되었다. 이 2개 단체는 가장 오래된 민간 활동 지원 조직이다.

그 사이에 1948년에 2년 반이라는 짧은 기간이었지만 일본 최초 자원봉사센터라 부르는 사회사업 자원봉사자협회가 오사카에 설립된 바 있다.

이어서 1965년 자원봉사자협회 오사카사무국(현: 오사카자원봉사자협회)[28]이 설립되었고 이후 10년 동안 다양한 분야의 민간 자원봉사자 추진조직이 설립되었다. 이들 조직은 자원봉사자 계발뿐만 아니라 자원봉사자 써클·그룹 등을 포함한 시민활동단체를 지원하며 지금의 시민활동 지원 기반을 마련했다.

1980년대에는 자연보호를 위한 내셔널·트러스트 추진 전국회(1983년)(현: 일본내셔널·트러스트협회)[29], 마을 만들기를 위한 나라(奈良) 마을 만들기 센터[30](1983년), 국제협력단체 지원을 위한 NGO활동추진센터(1987년)(현: 국제협력NGO센터, 일명 JANIC[31]) 등 굵직굵직한 조직들이 등장했다.

또한 기업들이 문화 진흥, 연구, 장학 등을 목적으로 다수의 조성재단을 설립하여 시민활동 자금을 지원하기 시작했다. 1985년에는 일본 조성재단의 전체 활동 정보를 제공하기 위해 조성재단 자료센터(현: 조성재

---

26) https://www.shakyo.or.jp/ (역주)
27) https://www.akaihane.or.jp/ (역주)
28) https://osakavol.org/ (역주)
29) https://www.ntrust.or.jp/ (역주)
30) http://www4.kcn.ne.jp/~nmc/ (역주)
31) https://www.janic.org/ (역주)

단센터[32])가 설립되어 각종 정보가 사회 일반에 널리 공개되었다.

탄생의 역사 ② 연구와 정책

정부는 1980년대부터 자원봉사자 조사와 사회활동을 조사했다. 이어서 1990년대에는 민간 시민활동연구 네트워크가 확산되어 NPO 확대에 큰 기여를 했다(〈표 2-1〉).

〈표 2-1〉 민간 연구 네트워크 설립 시기

```
1983년 나라(奈良) 마을 만들기 센터
1985년 네크워킹연구회(현 : 일본네트워커즈회의)
1992년 국제NPO/NGO학회
1993년 NPO연구포럼(후 : 일본NPO학회 모체)
1993년 NPO추진포럼(현 : NPO지원센터)
1994년 시민활동 지원 제도를 생각하는 모임(후 : 시즈)
1994년 「펄치자 자원봉사자의 고리」연락회의
1994년 총합연구개발기구(NIRA)
        ※ 시민공익활동 기반 정비에 관한 조사연구보고서 발행
1995년 일본 복지교육·자원봉사자학습학회
1996년 시민활동 지역지원 시스템 연구회
1997년 NPO정책연구소
1998년 일본자원봉사자학회
1998년 국제자원봉사자학회
1998년 일본NPO학회
```

---

32) https://www.jfc.or.jp/ (역주)

1993년 NPO와 자원봉사자 활동을 연구하는 씽크탱크 주식회사 제일총합연구소가 NPO추진포럼(현 : NPO지원센터[33])을 설립하여 일본 최초 NPO 지원조직을 만들었다.

그 후 총합연구개발기구(NIRA) 위탁연구로 나라(奈良) 마을 만들기 센터가 실시한 「시민공익활동 기반정비에 관한 조사연구 보고서」에서 NPO 지원기능을 가진 조직의 필요성이 제기되었다.

좀 더 세부적으로 살펴보면 시민활동단체 활동 환경의 이상적인 상태, 활동 자금과 인재상, 활동을 뒷받침하는 법인격 구성 등 제도 정비에 대한 내용이 포함되어 있다. 제도 정비 부문은 〈표 2-1〉의 민간 연구 네트워크에서도 적극적으로 요청하는 부분이었다.

그 과정에서 1995년 한신·아와지 대지진(고베 지진)이 발생했다. 자원봉사자를 시작으로 시민활동단체 등의 구조·복구활동이 활발해져 이때를 '자원봉사자 원년'이라고 한다.

정부는 1995년 2월 '자원봉사자 문제에 관한 관계부처 연락회의'를 발족하여 입법화를 도모했는데 민간에서는 정부 입법이 시민의 자유로운 활동을 제한할 가능성이 있다는 우려를 제시했다.

따라서 민의를 반영한 의원입법이 진행되었고, '시즈=시민활동을 지원하는 제도를 만드는 모임'을 시작으로 민간단체에 의한 본격적인 제도 정비가 시작되었다.

이런 과정을 거쳐 1996년 4월 가나가와현 직영시설 '가나가와 현민

---

33) https://npo-sc.org/ (역주)

활동 지원센터'[34], 같은 해 11월 민간 설치조직 '오사카NPO센터'[35], '일본NPO센터'가 설립되었다.

다른 섹터의 시민활동 지원 확대

한편 다른 섹터에서도 새로운 시도가 진행되었다. 1985년 플라자 합의[36] 이후 급격한 엔고(円高) 현상과 함께 일본 기업의 해외 진출이 급증하여 미국 등에서는 일본 기업에 대한 경제 제재가 이루어졌다.

1989년 일본경제단체연합회는 '미국 지역사회에 있어서 좋은 기업 시민의 조건 국제심포지엄'을 개최하고 이를 계기로 '경단련 1% 클럽' 및 '기업 사회공헌 추진위원회(현 : 사회공헌 추진위원회)'를 설치하여 기업의 사회공헌과 NPO 연대 사업을 적극적으로 추진하기 시작했다.

본업을 활용한 지원, 자금 지원, 사원의 자원봉사 참여, 사원에 의한 노하우 지원, 협동사업 개발 등 다양한 시민활동 지원사업이 전개되었다.

한편, 정부와 지자체는 오랜 역사 속에서 시민 및 민간은 지원 대상일 뿐 협동·연대 대상은 아니라는 인식이 뿌리 깊게 자리하고 있어 적극적인 활동을 전개하지 못했다.

그러나 지역 과제의 다양화와 복잡화, 개별화 등에 대응하기 위해 지자체 단위의 노력과 지자체가 설치한 외곽단체 등의 대응만으로는 한계가 있어 시민 참여 및 주민 참여를 모토로 시민활동단체와 연대한 사업

---

[34] https://www.pref.kanagawa.jp/docs/u3x/ (역주)

[35] https://osakanpo-center.com/ (역주)

[36] 1985년 9월에 선진 5개국은 미국 뉴욕 플라자호텔에서 대미무역 흑자 삭감을 합의했다.

이 서서히 진행되기 시작했다.

그 후 지방분권 추진과 함께 지역 과제 해결을 위한 새로운 주체로 시민활동단체를 파악하며 육성 및 지원 정책을 전개했다. 2011년 민주당 정권하에서 실시한 '신공공 지원사업'(약 87억 엔 규모)이 대표적이다.

이는 정부가 자금을 갹출하여 도도부현에 한시적 기금을 설치하고 이를 활용하여 시민활동을 지역에 뿌리내리게 하는 사업이다. 같은 해 동일본 대지진이 발생하여 이 기금을 통해 민간의 양적·질적 지원활동 발전이나 민관연대 사업 확대에 큰 공헌을 했다.

지역의 지원 기능 : 지역 시민활동 지원

1996년 설립된 일본NPO센터는 설립에 맞추어 미국 비영리조직 IS(Independent Sector)[37]를 모델로 NPO정보센터 기능을 주도적으로 만들 예정이었다. 그러나 한신·아와지 대지진 및 설립 준비를 위해 각지의 의견을 교환하는 과정에서 우선 시민활동단체 활동 기반 정비가 필요하다고 평가하고 기반조성조직 기능에 집중하기로 결정했다.

같은 시기에 설립된 오사카NPO센터와 1997년 설립된 히로시마 NPO센터[38], 센다이·미야기NPO센터, 시민포럼21·NPO센터 등 도도부현에 설립된 지원조직은 NPO를 계발하고 시민활동단체 설립, 운영, 연대에 대한 학습 사업 제공, 개별 상담 등을 위한 지역경영지원조직으로

---

37) Independent Sector는 미국 비영리단체 네크워크 조직으로서 비영리섹터 조사연구 및 정책 조언 등을 하는 단체이다(https://independentsector.org). (역주)

38) https://npoc.or.jp (역주)

시작했다(〈표 2-2〉).

〈표 2-2〉 민간 NPO 지원조직(1992~2000년)

1993.09	NPO추진포럼(현 : NPO지원센터)
1994.11.05	시즈 : 시민활동 지원 제도를 만드는 모임
1996.04.20	가나가와 현민활동 지원센터
1996.10.01	커뮤니티·지원센터 가나가와
1996.11.21	오사카NPO센터
1996.11.22	일본NPO센터
1997.05	NPO정책연구소
1997.09.17	히로시마NPO센터
1997.11.01	센다이·미야기NPO센터
1997.11.23	시민포럼21·NPO센터
※ 1998.03.15	특정비영리활동촉진법 공포(12월 1일 시행)
1998.04.01	도쿄 자원봉사 ※ 시민활동센터(개조)
1998.04.01	다카라즈카NPO센터
1998.07.17	파트너십·지원센터 설립(18년 해산)
1998.07.19	교토NPO센터
1998.11.20	NPO사업지원센터
1999.06.30	센다이시 시민활동 지원센터
1999.07.12	시민기금·KOBE
※ 1999.08.05	NPO의원연맹
1999.10.03	사이타마NPO센터
2000.01.22	퍼블릭리소스센터(현 : 퍼블릭리소스재단)
2000.06	커뮤니티비즈니스서포트 센터
2000.08.01	재팬·플랫폼

2. 중간지원조직의 개념과 기능

1990년 전후 민간 연구네트워크들이 NPO 조사와 연구를 진행하며 미국의 선례가 다수 소개되었다. 특히 ① 기반정비조직, ② 자원중개조직, ③ 경영지원조직의 3개 유형이 소개되었는데 이후에 자원중개조직이 '중간지원조직'으로 번역되어 국내에서 널리 사용되었다.

미국에서 자원중개조직은 주로 자금을 중개하는 조직을 의미한다. 너무 표현에 얽매일 필요는 없지만 지역 지원조직은 경영 지원이나 기반 정비에 치중하는 경향이 있기 때문에 '중간'이라는 말보다 '중개'라고 표현하는 것이 적절한 상황이다.

또한 2011년 '새로운 공공지원사업'에 의해 지역에서 자원중개 기능을 갖춘 지원조직이 증가하기 시작한 것도 특징이다. 최근에는 NPO 지원조직에 한정하지 않고 지역 활성화 정책과 재해 지원 등의 사업에도 중간지원조직이라는 표현을 사용한다.

지원시설 설치·운영형태별 분류

1990년 중반부터 분야를 특정하지 않은 지원조직이 많이 설립되었다. 민간 조직이나 공립 조직이 혼재되어 확산되었기 때문에 우선 설치 주체와 운영 주체를 명확히 정리할 필요가 있다.

① 공립공영형

지자체 조례에 기반하여 설치한 조직으로서 직영으로 운영한다. 주로 시설, 설비, 비품 제공을 목적으로 하며 일부에서는 시설이용자회의 등을 설치하여 시민 의견을 반영한 사업을 시행한다.

② 공립민영형

지자체 조례에 기반하여 설치한 조직이지만 민간 조직이 위탁운영 하거나 지정관리자가 운영한다. 운영 방법과 사업 내용은 계약서와 사양서로 결정하고 시행한다.

③ 민간민영형

단독 또는 복수의 조직이 주체가 되어 민간 조직을 설치하고 사업 및 운영한다. ①과 ②처럼 시설 및 설비 이용보다는 주로 소프트웨어 사업을 시행한다.

이처럼 공립민영형이 등장하면서 설치·운영 주체로서 '조직'이라는 표현과 '시설'이라는 표현이 정리되지 않은 채 혼동되어 쓰이고 있다. 각 지역 상황에 맞게 '시설' 설치가 이루어졌지만 ①과 ②유형은 시간이 지날수록 운영 경비 문제, 사업 내용의 공정성 문제, 다양한 이용자 문제, 시설 관리 직원 부족 등의 문제가 발생하게 되었다.
③유형도 비슷한 문제가 있지만 시민 이용 '시설'로서가 아니라 '조직'으로서 과제 해결을 위한 신규 사업 발굴, 지원자 확대 등 민간 조직다운 신속한 대응을 할 수 있는 것이 장점이다.

경영 지원 기능

① 정보 제공

시민활동에 도움 되는 다양한 정보를 제공한다. 유용한 정보뿐만 아니라 사례 소개, 구체적인 노하우 등 활동 전개와 조직 유지에 필요한 정보를 제공한다.

인쇄물, 홈페이지, 이메일, SNS 등 다양한 방법으로 제공하는데 최근에는 환경보호와 비용 절감을 위해 온라인 정보 제공이 늘고 있다.

② 상담 대응·컨설팅

시민활동단체가 원하는 조직 관리와 운영 등 경영 전반에 대해 상담한다. 법인 설립, 조직 경영, 재무, 노무뿐만 아니라 일반 시민 문의에 대한 대응법까지 다양한 상담을 지원하고 온오프라인으로 정보를 제공한다. 또한 정부, 기업, 타단체의 문의에 대응하고 신규사업으로의 연결도 지원한다.

③ 교류·학습

크게 두 가지 방식으로 진행된다. 하나는 시민활동단체 상담으로 파악한 단체의 수요를 학습으로 기획하는 것이고 다른 하나는 시민과 활동 부문을 대상으로 연결 촉진 기회를 제공하는 것이다. 즉, 시민활동단체 역량 형성 지원뿐만 아니라 사회 과제 해결법 확산 목적도 함께 수행한다.

기반 정비 기능

① 공간 제공과 인큐베이터

소규모 단체 대상의 기반 정비를 위해 사무실이나 회의실이 없는 단체에 필요 공간을 독립할 때까지 제공한다. 다만 대부분은 공립 지원시설이다.

② 다른 섹터·단체와의 연대 촉진과 코디네이터

대부분의 시민활동단체는 독자성을 중요시하기 때문에 같은 지역 내의 다른 단체와 연결되지 못하는 경우가 많다. 연대 사업이나 정보 공유가 이루어지지 않고 자기 단체 사업 매니지먼트의 매너리즘화가 심화되는 폐단도 발생한다.

섹터 전체가 협력하여 규모의 잇점을 활용하지 못하는 것이다. 이러한 문제 해결을 위해 다른 섹터나 단체와 연대 촉진하는 코디네이터 역할을 한다.

③ 제도 정비

NPO법 시행 후 사회 환경과 시민활동단체를 둘러싼 상황 변화에 맞춰 정기적으로 법제도 개정이 이루어지고 있다. 각지의 지원조직이 지역 의견 등을 정리하여 개선을 위한 운동을 반복적으로 전개한 결과이기도 하다.

이처럼 개별 조직 단위에서는 어려운 법 제도 정비와 개선에 대해 행동하는 중간지원조직의 역할이 크다. 또한 지자체별 조례와 규칙 등 정비와 개선에 관여하는 것도 중간지원조직의 중요한 기능이다.

자원 중개 기능 : 지역형 자금 순환 기능

시민활동단체가 중간지원조직에게 가장 크게 기대하는 것은 자금 지원이다. 또한 자금과 기증품 등 제공자와 단체를 중개하는 것뿐만 아니라 자금을 확보하고 지원할 수 있도록 자금 순환 시스템을 구축하는 것 역시 중요하다.

기존 공동모금회의 전국 시스템이 존재하지만 지역형 모델은 일부 지역에 설립된 선의(善意)은행[39]뿐이었다. 그러나 1989년 도쿄에 시민뱅크[40]가 설립되었고, 그 후 한신·아와지 대지진을 계기로 한신·아와지 르네상스 펀드[41](1995년), 한신·아와지 커뮤니티 기금[42](1996년), 시민기금·KOBE[43](1999년) 등 시민형 지원사업 장치가 확산되었다.

동일본 대지진을 전후로 각지에 시민 펀드와 커뮤니티 펀드라고 부르는 자금 순환 시스템이 설립되었다. 이 시스템의 구축을 담당하며 운영 주체가 되는 것이 중간지원조직이다.

기반 조성 기능과 자원 중개 기능은 양립할 수 없다는 의견도 있지만 사회 자원이 한정된 지역 중간지원조직에서는 양쪽을 갖추는 것이

---

39) 1962년 도쿠시마현 고마쓰시마시에 제1호가 설립되었다. 기술, 노력, 금품 등의 선의를 제공하고 싶은 사람과 원하는 사람을 연결해주는 장치로서 자원봉사센터의 전신 형태이다.
40) 사회적 창업가 지원을 위한 융자 조직이다. https://www.p-alt.co.jp/bank/ (역주)
41) https://tm19950117.jp/294 (역주)
42) http://www.arsvi.com/o/hac1.htm (역주)
43) https://www.stylebuilt.co.jp/kikin/ (역주)

더 유용하다.

3. 협동형 사회로 야기된 중간지원 기능의 과제

시민활동의 사회적 인지도가 지금처럼 확대된 것은 자원봉사와 시민활동단체가 늘었기 때문만은 아니다. '큰 정부에서 작은 정부로', '관에서 민으로 권력 이동' 등으로 대표되는 정부의 민영화 정책에 따라 주민, 지연(地緣)단체, 시민활동단체 등 다양한 주체가 공익의 담당자로서 참여할 수 있는 장치가 확산되었기 때문이다.

그 과정 중 한신·아와지 대지진이 발생했다. 많은 자원봉사자가 현지로 몰려들어 민관과 영리·비영리 틀을 넘어서 연대가 진행되었고 그 결과 NPO법이 제정되고 법인격을 갖춘 시민활동단체가 급증했다.

2000년「지방분권일괄법」시행에 따라 지역 공공 서비스의 담당자로 시민활동단체가 주목받게 되었고 이에 대한 정부와 지자체의 기대가 커져 시민활동단체 설립과 운영을 지원하는 중간지원조직이 전국 각지에 설립되었다.

행정 서비스 변화와 지정관리자 제도 실태와 과제

2003년「지방자치법」일부 개정으로 지방공공단체 공공시설의 관리위탁제도를 대신하는 '지정관리자 제도'가 등장했다. 공공시설관리를 영리조직을 포함한 민간조직에게 관리·운영 대행을 맡길 수 있는 제도다.

이에 따라 공립공영 지원시설을 공립민영으로 변경하고 지역 민간 지원조직이 지정관리자로서 관리·운영을 대행하는 사례가 급증했다. 이전까지 위탁사업으로 공립민영으로 운영했던 지원시설은 지정관리자 제도로 계약을 전환했다.

재정 규모가 작고 충분한 설비나 인원 확보가 어려운 민간지원조직이 공공시설 관리운영을 대행함으로써 그 한계를 극복하고 보다 충실한 지원을 받을 수 있게 되었다며 호의적으로 제도를 수용하는 단체들이 늘었다.

그러나 다년 계약으로 안정적 운영이 가능해진 반면 그때그때 신속하게 대응할 수 있는 민간의 장점이 제대로 발휘되지 못한다는 비판도 제기되었다. 인건비가 사업비에 포함되어 있기 때문에 행정 재정 악화로 충분한 예산이 확보되지 않으면 고용 안정에 타격받을 가능성도 매우 높았다.

시민 참여에 의한 공공 거버넌스를 위해 민간 파트너십 형성이 필요하다며 수용한 제도였지만 예산 삭감을 위한 하청화, 지자체의 공고한 관리적 사고, 지정관리자와 정보 공유 미흡으로 인한 서비스 저하 등의 문제가 나타났다.

지정관리자가 된 민간 지원조직도 시간이 지남에 따라 기존 관리 방식을 벗어나지 못한 채 민간조직으로서 자유롭게 일을 진행하지 못하고 고용 불안으로 이직률이 높아지는 문제에 직면했다.

국립 일본NPO센터의 역할과 과제

이처럼 지역에서 지원 형태와 지원시설 형태가 변하는 환경에서 국립 기반 조성 조직으로서 일본NPO센터의 역할과 사업에 대한 개선 요구가 제기되었다.

동일본 대지진과 코로나 감염 확대 등 예측 불가한 사태에 대응할 수 있는 NPO의 바른 자세와 연대, 그리고 순발력 있는 NPO의 대응이 필요해진 것이다.

그렇게 하기 위해 기존 방식에 길들여지기보다는 지역 특성과 장점을 살려 정보 공유와 연대를 이뤄야 한다. 즉 전국 시민활동단체가 지역을 넘어 전국 지원조직으로 거듭날 필요가 있다.

각지에서 활동 분야를 초월한 연대도 강화해야 한다. 대부분 사회문제는 여러 원인으로 얽혀 있다. 빈곤 문제는 고용과 노동, 의료와 복지, 주거와 먹거리 등 다양한 문제와 연결되어 있지만 각 문제를 담당하는 단체간 연대는 거의 없다. 따라서 수직적이 아니라 분야를 초월하여 수평적 연대를 이루고, 각각의 장점을 살려 과제 해결을 진행하는 것이 민간조직의 최우선 과제다.

마지막으로 책임감 있게 일할 수 있는 환경이 필요하다. 민·관이나 영리·비영리를 자유롭게 오갈 수 있도록 직장 선택 환경을 정비하여 다양한 사람들이 일할 수 있는 환경을 조성해야 한다. 일본NPO센터는 이런 과제 해결에 좀 더 집중해야 한다.

참고문헌

- 総合研究開発機構．1994．「市民公益活動基盤整備に関する調査研究」．(NIRA研究報告書)
- 大阪ボランティア協会ボランタリズム研究所監修．2022．『増補改正版　日本ボランティア・NPO・市民活動年表』．
- 宮脇淳．2016．「民間化政策の流れと指定管理者制度」＜政策で見る眼 No.25＞ 株式会社図書館総合研究所．
- 秋葉武．2005．"地方自治体とNPO-事業委託をめぐって-."「日本経営診断学会論集」5号．
- 中村陽一・日本NPOセンター編．1999．『日本のNPO2000』．日本評論社．
- 日本NPOセンター 2007．「市民社会創造の10年ー支援組織の視点からー"ぎょうせい」．
- 日本NPOセンター．2016．「NPO支援組織による災害支援活動～東日本大震災の取組から考える」．
- 日本NPOセンター．1997．「日本NPOセンター設立に関する訪米調査報告書」．

3장
지방의 중간지원 기능 형성과 전개

사쿠라이 쓰네야

1. 일본NPO센터의 탄생

NPO와 이를 지원하는 중간지원조직 개념과 시스템의 형성과정에 대해서는 요시다 다다히코(吉田忠彦)의 정리를 참고하면 된다. 이 내용을 중심으로 일본NPO센터 설립과정을 살펴보자.[44]

일본의 NPO 중심 사회 시스템 만들기는 1960년 시작한 미국 시민단체와 결사체 모델 네트워크 방식의 영향을 받았다. 1989년 일본네트워커스회의, 일본청년봉사협회(JYVA)가 주도한 (1988년 전국자원봉사연구집회를 기반으로 형성된) 전국 네트워크, 1980년대부터 시민활동 지원 프로그램을 전개한 도요타재단, 그 프로그램 관리자들이 형성한 네트워크 등을

---

44) 吉田忠彦(요시다 다다히코). 2007. "日本NPOセンターの誕生まで."(日本NPOセンター編. 2007.『市民社会創造の10年：支援組織の視点から』. ぎょうせい. pp.134~167.

중심으로 1990년대 이후 일본 시민활동이 본격화되었다.

가장 큰 계기는 1992년 개최된 일본네트워커스회의 제2회 포럼 '네트워킹! 개인과 사회의 새로운 모습을 생각하며'이다. 이 포럼을 통해 비영리조직에 관한 폭넓은 사고체계가 형성되었고 그 과정에서 이른바 사회 변혁형 시민활동단체에 초점을 맞춘 'NPO' 개념이 확고해졌다.

그전까지 막연히 네트워킹 단계에 머물다가 'NPO'라는 핵심 개념이 형성되었고, 동시에 단순한 자원봉사가 아닌 시민활동조직과 그것을 지원하는 사회 시스템으로 구성된 '시민사회'가 실재한다는 인식이 형성되었다.

총합연구개발기구(NIRA)는 이 과정을 1994년 「시민공익활동 기반정비에 관한 조사연구」보고서로 정리했다. 보고서 제3장 제3절 필요한 지원조직 요건과 실현 과제 부문에는 최초로 중간지원조직의 비전이 제시되어 있다.

일본 중간지원조직의 원형은 그 후 1996년 설립한 일본NPO센터 설립과정에서 찾을 수 있다. 설립을 앞둔 1996년 5월, 9월 두 차례에 걸쳐 미국 지원기관을 견학했고, 그 과정에서 미국의 자원중개 지원은 주로 자금 중개를 의미하지만 한편으로는 정보 공유, 인재 개발, 애드보커시, 조사연구 등도 의미한다는 것을 파악하게 되었다.[45]

이런 인식을 바탕으로 1996년 11월 22일 '자금과 사람의 중개보다 일본 비영리 부문 강화'를 목표로 일본NPO센터가 설립되었다.

---

45) 吉田忠彦(요시다 다다히코), 2007, p.159.

2. 지방 중간지원조직과 그 다양성

지방에서도 시민활동 지원을 위한 움직임이 진행되고 있었다. 이 부분은 일본네트워커스회의의 1995년 「자발적 활동 추진을 위한 구조 만들기 조사보고서」를 참조하면 된다.

이 보고서는 일본의 자발적 활동 실태와 과제 그리고 미국 시민활동 지원 기능과 조직을 소개하며 구체적 프로그램으로써 활동단체 지원, 사회적 환경 정비 지원, 자발적·섹터 강화 지원이라는 3개 지원방안을 제시했다.

또한 지방 시민활동 지원센터의 기능, 그리고 전국 차원의 지원센터가 지방을 위해 해야 할 역할을 제시했다.

지방의 구체적인 노력은 가토 데쓰오(加藤哲夫, 센다이), 안도 슈지(安藤周治, 히로시마), 지쓰요시 다케시(実吉威, 고베), 나카무라 준코(中村順子, 고베) 등이 구성한 '시민활동 지역 지원 시스템 연구회'로 이어졌다.

연구회는 1995년부터 사사카와 평화재단 지원으로 히로시마(히로시마NPO센터), 센다이(시민활동 지역지원 시스템연구회·센다이 위원회), 이쿠노(이쿠노지역활동지원센터 설립 준비회) 등 세 거점을 중심으로 3년간 조사연구를 진행했다.

초기에는 지역 지원센터 소프트웨어 프로그램 개발이 목적이었지만 이때 발생한 한신·아와지 대지진 때문에 자원봉사자와 자발적 단체의 사회적 인지도가 높아졌고, 시민활동촉진법안이 1997년 6월 중의원을 통과하며 시민활동이 제도화되는 분위기에 맞물려 고베, 히로시마, 센다이, 이쿠노(오사카)에 지원센터가 설립되는 큰 성과로 이어졌다.

연구회 활동에서 주목할 만한 것은 지원센터의 다양성에 착안했다는 점이다. 지역성과 인구 규모, 담당자 경험과 사고방식에 따라 센터의 이념, 서비스 대상과 내용, 취급 정보, 조직 체계, 네트워크, 전략 등이 다양하게 나타난다는 것을 전제로 논의를 진행한 것이다.

실제로 이후 각지에 설립된 지원센터는 종합 서비스 지향형(센다이), 정책 네트워크 지향형(히로시마), 커뮤니티사업 창업 지향형(고베), 인권 커뮤니티 지향형(오사카) 등 다양하게 나타났다.

연구회 명칭인 '시민활동 지역 지원 시스템'에도 그 다양성과 지역 독자적인 중간지원 기능의 의미가 담겨져 있다.

3. 중간지원시설 탄생과 민간 운영

2000년 이후 행정에 의한 시민활동 지원의 일부로써 중간지원시설 설치가 진행되었다. 현재 전국에 360개 정도 중간지원시설이 있으며 대부분 민간이 운영한다(공립민영형). 일본NPO센터의 최근 조사에 의하면 민간 운영은 73%이고 그 가운데 NPO법인 65%, 사회복지법인 10%, 그 외 일반사단법인 등 공공법인이 운영하는 것으로 나타났다.[46]

---

[46] 日本NPOセンター, 2023.08.30, 「NPO支援センター実態調査回答結果」. 총 363부 배포, 127곳 응답(회수율 35%)

대표적 사례가 1996년 개설된 가나가와 현민활동 지원센터이다. NPO법 제정 전, 전례 없는 행정 운영에 의한 자원봉사 지원시설로 주목받아 지금도 지원사업을 하는 곳이다. 가나가와현 공무원으로서 센터 설립과 운영에 관여한 시노 슈헤이(椎野修平, 전 가나가와 현민활동 지원센터 담당 부장, 현 일본NPO센터 특별연구원)는 당시 오카자키 히로시(岡崎洋) 지사의 신속한 리더십을 인상 깊게 기억한다.[47]

대장성 관료와 환경사무차관을 거쳐 1995~2003년까지 가나가와현 지사를 역임한 오카자키는 가나가와현 환경기본조례 제정과 수자원 환경보전을 위한 세금 도입 등 환경정책 추진, 그리고 전국 최초 NPO·자원봉사 지원 거점 정비와 '가나가와 자발적 기금 21' 창설 등 지역 현장에서 '협동 시대' 구현을 선도한 인물이다.

그는 1995년 4월 지사에 취임하여 그해 7월 지원센터 설립을 지시했다. 요코하마역에서 도보권에 있는 현재의 지원센터는 원래 행정기관과 함께 가나가와현 종합센터로 설립될 예정이었지만 이를 가나가와 현민센터로 개칭하고 그 안에 현민활동 지원센터를 설립했다.

거점 정비 목적과 이념 구축에는 당시 가나가와현 직원이며 일본네트워크워커스회 멤버이기도 했던 구스미 쓰요시(久住剛)와 스즈키 겐이치(鈴木健一)의 영향이 컸다고 한다.

지사의 리더십, 좋은 입지 조건, 그리고 NPO·시민활동에 정통한 직원 등 좋은 요소들이 어우러져 단기간에 일본 최초 공립공영 NPO·시민

---

[47] 시노 슈헤이 인터뷰(2023.08.17.)

활동 지원시설이 설립되었다.[48]

설립 후 과제는 어떤 지원사업과 그에 맞는 시설 운영을 해야 하는가였다. 당시 일본에 분야별 지원센터는 있었지만 통합 시민활동 지원센터는 없었기 때문에 지원 콘텐츠 자체가 존재하지 않았다.

오카자키 지사는 "공무원들은 자원봉사 자체를 잘 알지 못하니 우선 흑자만이라도 만드는 것을 목표로 하자"라고 말했다. 즉 자원봉사 양성 강좌 같은 인재육성사업보다는 일단 시설 제공만이라도 철저히 진행하라고 한 것이다.

지원센터 위탁을 받은 시노는 우선 6개월 정도 이용자에게 시설 사용을 독려하며 그 과정에서 드러난 이용자 의견과 실천을 기초로 창조형 시설 운영을 하고자 했다.

공간은 대실 공간(미팅룸), 인쇄기, 락커, 서류 캐비닛, 상담 카운터, 자유공간 등 요즘 일반적인 지원센터 공간과 같은 형태로서 그 원형을 제시했다. 동시에 시노는 지원 기능 원칙으로써 눈 앞에 보이는 시민활동 '단체' 지원이 아니라 단체 '활동' 지원이 중요하다고 강조했다.

즉 시민활동의 고객은 지원센터가 지원하는 단체활동보다 우선한다는 것이다. 지원센터 이용자(단체)들은 센터를 이용하면서 문제의식을 품은 개인과 과제 해결을 위해 활동하기 때문이다.

이러한 지원센터 목적과 기능은 그 후 각지에 퍼져 민간 지원단체와

---

48) 지원센터 설치와 자원봉사활동 추진기금 도입에 대해 일방적인 하향식 행정이라는 비판도 제기되었다. 그러나 한편으로는 행정과 비영리부문간에 전개된 이러한 논쟁이 결과적으로는 이후의 협동사업 전개에 도움 되었다는 평가도 있다. 자세한 내용은 요시다 다다히코(吉田忠彦). 2000. "市民活動支援をめぐる施設 組織 政策." 「非營利法人研究学会誌」 VOL.22, pp.57~73.

지원시설에 그대로 적용되었다. 그중 하나가 기술한 센다이 서포센으로 센다이·미야기 NPO센터가 운영하는 공립민영 시설이다.

1993년 센다이시에서는 제네콘 뇌물 사건[49]으로 당시 센다이 시장과 미야기현 지사가 체포되었다. 그 후 센다이시 시장이 된 후지이 하지무(藤井黎)는 정보 공개와 시민 참여 촉진을 위해 지자체와 마을이 협력하는 마을 만들기 사업을 추진했다.

1970년대 혁신시정시대에 설치된 청내 연구기관 센다이 도시과학연구회에 기원하여 센다이시가 출자 설립한 싱크탱크 센다이 도시총합연구기구는 1996년 3월 「시민·기업의 공익활동과 민관 파트너십의 자세에 관한 기초연구」 보고서를 발표했다.

이어서 10월 센다이시 연구자, NPO관계자, 컨설턴트 등이 모인 센다이 NPO연구회에서 「시민 공익활동 지원에 관한 과제 조사」 보고서를 발표했고, 1997년 3월 시민 참여와 시민 공익활동 추진원칙을 정리한 '센다이시 기본 구상'이 발표되었다.

이 구상을 기초로 시민활동단체, 행정, 대학교원 등이 구체적 논의를 거듭한 결과, 센다이 서포센이 개설되었다. 정치·행정 개혁과 동시에 중층적 시민 참여를 통해 이룬 성과였다.

거기에 운영주체로서 민간단체를 공모·선발하여 이른바 '센다이 모델'이 만들어져 이후에 공립민영형 시설 개설의 틀을 제시했다.

센다이 서포센 운영에 참여한 사람들이 가장 많이 참고한 것은 현민

---

49) 종합건설사가 지자체 공사에 뇌물을 준 사건으로 건설대신, 미야기 지사, 이바라키 지사, 센다이 시장이 구속되었다. (역주)

활동 지원센터이다. 이 과정을 경험한 센다이·미야기NPO센터 가토 데쓰오 대표이사는 그 후 전국 지자체, 중간지원조직·시설의 요청으로 강연회와 워크숍에 참여했다. 가토 씨의 영향을 받은 전국의 많은 중간지원에서 그의 철학은 중요한 이론적 지주가 되었다.[50]

4. 중간지원조직의 경직화

가나가와에서 센다이 사례를 거친 일본 중간지원시설 기능은 그 후 2002~2006년을 정점으로 확대되어 현재 전국 360개소가 넘는다(공립 중간지원시설 기준).[51] 그 시설들은 규모에 따라 회의, 이벤트용 대실, 인쇄기 등이 있는 작업 공간, 서류함, 락커, 사무실 임대 등 하드웨어를 운영하고 정보 코너, 상담 창구, 조직 경영·회계 등에 관한 각종 강좌, 세미나 등 소프트웨어 사업을 실시한다.

누가 정하지 않았지만 이 형태는 '센다이 모델'이라 불리며 마치 매뉴얼처럼 전국 각지에 정착했다. 예를 들어 공립민영형 시설은 애초의 사업 위탁에서 지정관리자 운영으로 대부분 이동하여 3년에서 최장 10년이라는 계약기간 형태마저 나타나고 있다.[52]

---

50) 가토에 대해서는 비슷한 평가가 많이 있다. 가나가와 고지(金子幸司) 편저. 2018.『公共ガバナンス論』. 晃洋書房. p.44.
51) 전국 36개소(도도부현 6개, 시정촌 30개)가 있었던 2002년이 그 정점이다. 세부 현황은 오기노 고타로(荻野幸太郎)·가나가와 고지(金川幸司). 2016. "全国の公設型NPOセンターの設置状況と運営実態に関する調査研究."「社会·経済システム」. Vol.37. pp.85~94.
52) 각주 47) 日本NPOセンター(2023.08.30.) 조사결과에 의하면 민간운영 중 지정관리자 운영

이러한 움직임에 더하여 2010년 시작된 '신공공지원 사업'은 신성장 전략으로써 NPO·사회적기업 활성화를 목적으로 NPO 활동기반 정비 사업을 진행했다.53) 87.5억 엔 예산으로 각 도도부현이 기금을 창설하여 NPO를 새로운 공공의 담당자로 육성·지원하고자 했다.

홋카이도, 오카야마, 야마구치, 고치를 시작으로 전국 기반 정비 사업형 중간지원조직이 각종 NPO 지원 프로그램을 실시하게 되었다.

2010년부터 3년간 실시한 지역사회 고용창조사업도 시민활동단체와 그를 지원하는 중간지원조직에 공적 자금을 투입했다. 이러한 움직임에 대해 '돈 뿌리기'나 '공적자금 소화형'이라는 비판이 제기되었고 각 단체들은 기존 사업을 무비판적으로 실시·전개하는 상황이 되었다. 중간지원 기능의 일반화·정착화·경직화가 나타난 것이다.

공간 임대나 강좌만 제공한다면 공민관 등 기존 커뮤니티 관련 시설과 무엇이 다른가? 되려 지자체 재정 당국이 중간지원시설을 행정개혁의 일환으로 재편 대상에 포함하는 상황까지 나타났다.

중간지원시설의 경직화 문제는 다음 두 가지로 정리할 수 있다.

첫째, 중간지원 기능의 다양성 상실이다. 특히 운영 부문이 그러하다. 중간지원조직은 지역성과 인구 규모 등 각 조건에 따라 다양하다. 공립 중간지원시설은 기본적으로 시민 서비스를 위한 것이지만 그 안

52%, 사업위탁 42%이다.

53) 신공공 지원사업(2011~2012년)은 당시 하토야마 내각이 주도한 엔고·디플레이션 대응을 위한 긴급총합경제대책의 일환으로 진행되었다. 즉 시민 활동 지원 관점으로 NPO를 활성화하는 것이 아니라 디플레이션 시대의 새로운 경제성장과 고용 흡수 모델로 모색한 것이다. 金子幸司 編著 (2018. p.49).

에 노하우를 가진 사람(NPO)이 있으면 뭔가 더 고도의 서비스를 제공할 수 있다.[54]

그런데 현실은 행정보다 나은 독자적 능력을 실감할 수 없게 되어 버렸다. 오히려 대부분은 지자체 협동정책의 상징처럼 이용되며 민간 운영주체=공립민영형 그 자체만 목적이 되어버렸다. 게다가 장기적으로 지정관리자 운영이 이어지면서 특정 단체의 노하우만 축적되는 등 분권형·분산형 모델을 찾기 어려운 상황이 되어버렸다.

고령화와 인구 감소에 직면한 지역 현실에서 지역 문제는 더욱 다양해지고 있다. 그 안에서 중간지원조직의 지원 기능도 다양해지고 전국 각각의 실천 활동 노하우가 좀 더 능동적으로 공유되어야 한다.

둘째, 중간지원 기능을 둘러싼 시민과 행정의 협동 문제이다.

가나가와현과 센다이시의 중간지원시설 제도화 과정은 지속적인 협동 과정이었다. 지원 조례 제정, 지원 지침과 매뉴얼 구성, 지원센터 설치, 자금 조성 실시, 정보네트워크 운영 등 모든 과정이 그러했다.[55] NPO와 행정의 협동형 사회 구축을 위한 환경 정비에 일반화된 행동양식이 형성된 것이다.

그러나 기반 정비만 우선시하며 내실 있는 협동은 취약해진 부분도 있다. 조례, 지침 등 제도 정비와 함께 지원센터 설립이 곧 중간지원시설 정비가 되어 그 자체만으로 협동이 실현된 것으로 오해하고 있다.

---

54) 株式会社 第一総合研究所(2002). p.11, p.47.
55) 椎野修平. 2007. "市民セクター推進のプロモーターとしての取り組み."(日本NPOセンター編集. 2007.「市民社会創造の10年」. ぎょうせい. p.222.

보다 중요한 것은 어떤 중간지원시설인가이며 그 목적과 기능을 지역 실정과 시민 수요를 파악하며 협동형으로 구축하는 것이다. 중간지원시설 구상과 계획 단계에서 시민 참여(의견 표명 기회)가 있고 실시 단계에서도 서로 역할 분담과 시설 기능 수정을 위한 논의 등, 행정, 운영주체 각각의 역할 재구축 등 협동 프로세스를 시행해야 한다.

4장
NOP·시민활동에서 지역 커뮤니티 지원으로

사쿠라이 쓰네야

1. 고령화·인구 감소에 직면한 지역사회

최근 일본 사회에서 나타난 인구 감소, 격차와 빈곤, 코로나, SDGs, 탈탄소, 디지털 전환 그리고 엔저와 고물가 등 많은 문제에 대한 대응이 필요한 상황이다.

지역과 지역 커뮤니티에서도 많은 문제가 표면화되고 있다. 독거노인 세대 증가, 지진·수해 등 자연재해, 전통·문화 계승, 휴경 농지 증가, 빈집 문제 등 이루 헤아리기 어려운 많은 문제가 산적해 있다.

예를 들어 노동환경 개선 목적으로 진행되는 일하는 방법 개혁의 경우 퇴직 연령 연장 정책이 시행되면 그만큼 도시의 퇴직 세대가 지역으로 가는 시기를 늦추게 되어 결과적으로는 지방의 인력 부족으로 이어질 수도 있다.

이런 상황에서 NPO와 중간지원조직은 어떤 역할을 담당해야 할까. 일본 사회에서 NPO가 등장한 것은 사회 과제의 심각성 및 행정·기업·지역 영역의 기능 부족 때문이었다. 그러나 NPO의 과제해결 노력 과정에서 다방면의 적극적인 상호관계가 실현되었는지 여전히 의문이다. '협동의 공동화(空洞化)' 현상이 존재하고 있기 때문이다.

행정조직과 지역사회의 약화·유동화도 진행되고 있다. 재정 행정 개혁의 임계점이 된 헤세 대합병(2004~2006년)[56]으로 행정은 대폭 축소되어 고령화와 인구 감소에 대응할 수 있는 지역 역량은 나날이 취약해졌다.

전국에 공통으로 존재하는 여성회(부인회), 노인 클럽(장수회), 어린이회, 청년단의 축소와 해산, 자치회·마을회 운영 불가 등 지역 만들기를 지탱했던 단체의 힘도 약해졌다. 설상가상으로 코로나 확대 때문에 지역 활동 축소와 중단이 이어졌다.

이런 상황을 개선하고자 최근에는 교류인구[57], 관계인구[58] 등 커뮤니티 유동화를 추구하는 움직임도 있다. 그 속에서 NPO는 독자 영역의 활동뿐만 아니라 지역사회의 하나의 플레이어이자 당사자로 활동해야 한다는 의견이 제기되었다.

문제는 NPO 담당자들이 그런 새로운 변화와 문제의식을 자각하고

---

56) 1995년 「지방분권 일괄법」에 의해 「합병 특례법」이 개정되어 '헤세(平成) 대합병'이 실시되었다. 2000년 정부는 시정촌을 병합하여 지자체 수를 1,000개로 조정한다는 방침을 발표했다(당시 총 지자체 수는 3,252개였다). 또한 합병 지자체에 많은 재정 지원을 약속했다. 지방채의 하나인 합병 특례채를 대상 사업비의 95%로 충당하고 원리 상환금의 70%를 차년도 보통 교부금으로 충당하는 파격적인 조건을 내걸고 합병을 촉구한 것이다. (역주)
57) 교류인구는 일반 관광객을 의미한다. (역주)
58) 관계인구는 관광 이상 이주 미만의 인구로서 지역 상품 구매, 지역 자원봉사, 단기 체류, 지역 기부, 5도 2촌 등의 행태를 통해 지역과 관계 맺는 다양한 외지인을 의미한다. (역주)

있는가이다.

2. RMO로 지역 커뮤니티 재구축

독거노인 세대나 자연재해 등 지역사회의 문제는 해당 지역의 힘이 없으면 해결할 수 없다. 문제 해결을 위해 행정과 지역 커뮤니티는 파트너십을 형성하여 협동정책을 추진해야 한다. 그러나 일할 사람이 없다는 게 문제다.[59]

이런 이유로 지역 커뮤니티를 재구축하며 자치력을 강화하여 지속가능한 활동을 하려는 시도가 전국 각지에서 진행되고 있다. 대표적 노력이 지역운영조직(Region Management Organization, 이하 RMO)이다.

RMO는 인력 부족으로 자치회 등 지역 커뮤니티가 약화되는 것을 보완하는 조직이다. 주로 초등학교 학군 정도의 규모에서 자치회, NPO, 각종 단체, 학교, 사업자 등이 수평적으로 연결되어 지속가능한 지역생활을 실현하고자 하는 과제 해결형 조직이다.

총무성 전국조사에 의하면 2022년 말 기준으로 전국 RMO는 7,207개이며 지역별로는 843개 지역에 RMO가 있는데 이는 전국 시정촌 절반

---

[59] 총무성 전국조사에 의하면 '지속적 활동을 위한 과제'라는 질문에 대해 '활동 인재 부족'(84.5%), '미래 세대 인재 부족'(59.3%), '리더가 될 인재 부족'(56.2%), '사무국 운영 인재 부족'(52.6%) 등 상위 4개의 응답이 모두 인재 부족으로 나타났다. 과거에는 비교적 다수가 응답했던 '활동자금 부족'(43.1%)은 상대적으로 낮게 나타나 보조금 등 경제적 지원보다 인재 확보가 절실한 과제라는 것을 알 수 있다. 세부 내용은 총무성 지역력 창조그룹 지역진흥실. 2023.03. 「2022년 지역운영조직 형성 및 지속적인 운영에 관한 조사연구」. 참조.

정도의 규모이다.[60]

2016년부터 지방재정계획에 RMO에 대한 재정지원정책이 새롭게 포함되어 RMO 운영 지원경비로 보통교부세가 배부되었고, RMO가 지방창생[61]의 핵심 주체로 떠오르고 있다.[62] 지자체들도 RMO 재정 지원, 인적 지원 그리고 RMO 지원을 위한 중간지원 기능을 위해 노력한다.

특히 2019년 발표된 제2기 지방창생정책은 인구감소대책으로서 '다양한 인재 활동'을 강조한다. 지역 인력 부족 현실에서 젊은 세대와 여성 등 다양한 인재 발굴을 하고자 하는 것이다. 이는 RMO 형성과 깊은 관련이 있다.

RMO는 자치회·마을회 등 지연 조직과 각종 단체 역할을 상호조정하고 보완하는 역할을 한다. 따라서 RMO가 제대로 작동하려면 새로운 인재 발굴이 매우 중요하다. 물론 RMO가 이런 기능을 하도록 RMO를 지원하는 중간지원조직의 역할도 중요해진다.

총무성 전국조사에서도 행정 지원으로서 '지역 외부 전문가 활용'(8.3%) 요구가 제기되었으며 지역 외부 전문가로서 중간지원조직을 필요로 하는 응답(61%)도 많이 나타났다.[63]

---

60) 위 보고서 참조.
61) 일본에서는 2015년부터 지방창생정책을 추진했는데 이는 일종의 지역재생정책으로 평가할 수 있다. (역주)
62) 2016년도 이후 RMO 사무국 인건비를 포함한 경상경비를 보통교부세로 배부했고, 그후에는 RMO 설립을 위한 특별경비로서 특별교부세를 배부하기 시작했다.
63) 주 59) 참조.

3. 개별 단체 지원과 지역 자치 지원

헤세 대합병과 고령화·인구감소 등으로 지역 커뮤니티 재구축 필요성이 높아지면서 중간지원조직 부분에서도 변화가 나타났다. 지자체들은 RMO뿐만 아니라 지역 커뮤니티 인적 지원을 위해 마을지원원[64]과 지역부흥협력대[65] 사업을 전개했다.

당연히 이러한 새로운 인력에 대한 지원이나 거점 설치가 중요해져 지역의 중간지원조직 설치가 늘었다. 말하자면 과거에는 NPO·시민활동단체 등 개별 단체를 지원했지만 이제는 그 범위가 지역 커뮤니티로 확장된 것이다.

여명기의 중간지원조직은 NPO와 시민공익활동의 개별 수요에 집중하여 조직 경영 및 각종 사업 전개를 지원했다. 그러나 최근에는 지역 커뮤니티, RMO 지원 등 지역 문제 해결을 지원하며 다양한 주체의 연대 촉진을 지원한다.

또한 기존에 도도부현과 시 단위에 치중했던 지원 범위에 학군, 자치회, 마을 등의 지원 범위가 중요하게 된 것도 큰 특징이다(〈그림 4-1〉).

---

[64] 전국 5,171명 마을 지원 인력 도입, 394개 지역이 채택(2022년 기준).
[65] 전국 6,447명 도시 인력 파견, 1,118개 지역이 채택(2022년 기준).

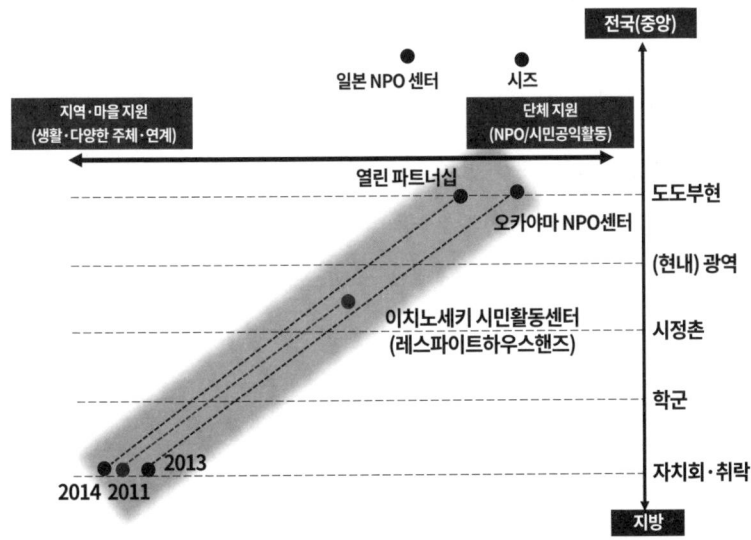

〈그림 4-1〉 2010년 후 등장한 종합형 중간지원조직

예를 들어 2005년부터 현의 지원시설을 운영하는 NPO법인 오카야마 NPO센터(2002년 설립)는 2013년 NPO법인 모두의 마을연구소를 설립하여 오카야마현 내외 RMO 설립 등을 지원한다. 현 단위로 지원 사업을 전개하는 NPO법인 아키타 파트너십(2002년 설립)도 2014년부터 공조 조직 지원을 시작했다.

이와테현 이치노세키 시민활동센터(2008년 설립)는 2011년부터 초등학교 학군 범위의 지역 커뮤니티를 지원하는 새로운 지원 방법을 도입했다. 이렇듯 공립 중간지원시설에서도 의미 있는 변화가 나타나고 있다.

이와 같은 2010년 이후 중간지원 기능 변화에 주목하자. 지금까지 주로 여명기의 중간지원조직 즉, 가나가와, 센다이의 활동에 대해서는 어느 정도 정리가 되었지만 그후부터 최근까지 변화에 대해서는 충분한 검증이 이루어지지 못했기 때문이다.

이 책은 2010년 이후 일본의 중간지원 기능, 특히 지방의 움직임에 착안하여 구체적인 실천과 그 의미를 검토한다. 새로운 실천 속에서 협동형 사회의 과제를 극복할 수 있는 가능성을 밝히려 한다. 고령화, 인구 감소에 대응하면서 더욱 복잡해지는 지역 과제를 해결하기 위해 민간과 행정 영역에서 어떤 협동이 이루어져야 하는가를 검토하고자 한다.

2부
동일본 대지진 부흥 사업과 중간지원조직의 역할

5장
중간지원조직의 지역 외 피난민을 위한 새로운 지원방법

사쿠라이 쓰네야

1. 지역 외 피난민 지원의 도전 : 협동형 부흥의 필요성

2011년 3월 11일 동일본 대지진 발생 후의 복구·부흥 과정에는 예기치 못한 난제가 많았다. 문제해결을 위해서 다양한 사람, 단체, 기관 등의 지혜와 노력이 필요했으며 무엇보다 다양한 주체의 협동으로 지원 시스템을 만들어야 했다.

이 과정에서 중간지원조직도 새로운 역할, 방법, 관계 형성을 해야 했다. 한편으로 이는 그때까지 축적한 실천과 노하우에 대한 새로운 도전이기도 했다. 각지의 중간지원조직은 그 경험에서 무엇을 배우고 그 후에 더 새로운 활동을 전개하게 되었을까.

이 글은 원전사고 피해지 후쿠시마현 나미에정 부흥 사업 시행과정에서 진행된 중간지원조직 활동을 살펴본다.

지진 당시 인구 21,434명의 나미에정은 후쿠시마 제1원전 사고로 모든 주민이 마을 밖으로 피난을 떠난 지역의 하나다. 원전 사고로 주민이 받은 정신적 고통은 이루 말로 다 할 수 없는 상황이었다.

지진 다음날 2011년 3월 12일 이른 아침, 제1원전 반경 10킬로미터 이내에 거주하는 지역 주민들에게 갑작스러운 피난 지시가 내려졌다. 같은 날 저녁까지 모든 주민을 피난시켰기 때문에 (이후에야 알게 되었지만) 그 후 3일간 방사선량이 최고치였다는 것도 모른 채 피난을 가야만 했다.

2014년 8월 데이터를 보면 주민들의 피난 지역은 와카야마현을 제외한 전국 46개 도도부현에 이른다. 후쿠시마현 내로 피난 간 주민 70%, 그 외 지역으로 피난 간 주민 30%였다.[66] 후쿠시마현 내에서도 31개소 가설주택에 약 3,900명, 공영주택과 민간 아파트 등을 빌린 가설주택에 7,000명 넘는 사람이 피난했기 때문에 후쿠시마현 내외로 분산 피난했다는 것을 알 수 있다.

피난 지시 해제 후에 주민의 귀환 의사를 조사했더니 "바로 혹은 언젠가는 돌아가고 싶다"(17.6%), "아직 판단할 수 없다"(24.6%), "돌아가지 않겠다"(48.4%), "무응답"(1.7%)으로 나타났다.[67]

그 1년 전 2013년 8월 조사에서도 "돌아가지 않겠다"(37.5%)는 비율이 꽤 높았다. 귀환 희망자 대부분이 고령세대, 그 마저도 귀환하지 않

---

[66] 지역 외 지역별 피난민 규모는 이바라키(951명), 도쿄(921명), 사이타마(746명), 미야기(685명), 지바(551명), 도치키(471명), 니가타(470명), 가나가와(457명) 순이다(2014.11.30. 기준).

[67] 나미에정, 후쿠시마현, 부흥청의 세대 대표자 대상 공동 조사로서 응답률은 59.5%다. 2013년 8월 조사에서는 "돌아가고 싶다"(18%), "판단할 수 없다"(37.5%), "돌아가지 않겠다"(37.5%), "무응답"(6.2%)으로 나타났다.

겠다는 사람이 시간이 지남에 따라 느는 것 등을 감안하면 나미에정 내에서의 생활 재건이 시간이 지날수록 어려운 문제라는 것을 알 수 있다.

이런 상황에서 나미에정 부흥계획은 현 외 피난민을 의식하도록 명확하게 규정하며 시작되었다.

첫 번째는 '어디에서 살더라도 나미에 주민'이다. 여기에는 마을로 귀환하지 않겠다는 주민을 포함하여 재난 후의 생활과 생존방식을 존중하며 사업을 시행하겠다는 생각이 반영되어 있다. 귀환의 시비를 둘러싸고 주민 사이에 갈등이 형성되었지만 그것을 초월하여 포용하고자 한 것이다. 이처럼 '모두가 주민'이라는 말에는 후쿠시마 원전사고 피해지의 모순과 갈등이 포함되어 있다.

두 번째는 협동형 부흥이다. 나미에 행정 단독 지원은 한계가 있었기 때문에 민간과 행정과의 파트너십이 필연적으로 요구되었다.

세 번째는 피해자가 주체인 부흥이다. 피해자를 '도움 받는' 객체가 아니라 사람들을 '구조하는' 주체로 설정하여 부흥의 의미와 의지를 강조하고자 했다. 즉 타인의 도움에 감사만 하는 힘 없는 수동적인 존재가 아니라 타인을 격려하고 타인으로부터 감사를 받을 때 인간으로서의 보람과 기쁨을 실감할 수 있는 능동적 존재라는 점을 강조한 것이다. 한 사람 한 사람의 생활 재건과 인간 주체로서의 자립을 중시했다.

이러한 부흥 이념을 어떻게 현실화하는가가 큰 문제였다. 우선 지역 외 피난민 지원을 위해 나미에 마음 프로젝트와 나미에 부흥지원원 사업을 시행했다. 그 과정에서 전국 각지의 중간지원조직과 네트워크가 큰 힘이 되었다.

2. 주민의 마음을 이어주는 '나미에 마음 통신'

혼란 속에서 출발

2011년 4월 나는 당시 마을사무소가 있던 후쿠시마현 니혼마쓰시(二本松市) 도와 지소로 향했다. 마을사무소라고 하지만 각자 정해진 곳에 직원이 배치되어 업무를 보는 것이 아니라 여기저기 흩어져 필사적으로 작업하는 상황이었다.

그러던 중 내게 말을 건넨 직원이 있었다. 부흥추진과 T 씨였다. 주민들은 서로 연락도 주고받을 새도 없이 피난 가버린 상태였다. T 씨와 피난자들의 마음과 생각을 알기 위한 방법에 대해 이야기를 나눴다.

이것이 전국에 흩어진 피난민을 취재하여 발행한 '나미에 마음 통신(이하 통신)'의 시작이었다. T 씨와 여러 명의 직원이 진지하게 귀를 기울여 주었다. 그렇지만 뾰족한 결론 없이 첫 방문은 그렇게 끝났다.

후쿠시마역 찻집에서의 대화

'통신'은 마을사무소와 관계를 구축하지 않으면 진행하기 어려운 프로젝트였다. 민간이 취재할 수는 있지만 취재에 필요한 주민 정보, 인쇄, 전달방법 등은 민간의 힘만으로는 역부족이었다.

그러던 중 T 씨가 움직였다. 일을 끝낸 밤 시간에 마을사무소 직원 다섯 명 정도를 데리고 후쿠시마역 1층 찻집에서 만났다.

회의라기보다는 자기 소개와 서로 이해하는 대화를 한 느낌이었다. 부흥에 대한 생각, 주민들을 위해 할 수 있는 행동 등에 대해 이야기를 나넜다. 첫 만남이어서 조금 어색했지만 '주민을 위해 뭔가 해야 한다'는 암묵적 합의는 있었다.

그 자리에 참석한 마을사무소의 홍보 담당 N 씨는 두 번째 만남에서 '통신' 기획안을 작성해왔다. 당시는 마을 홍보지를 발행하지 못하는 상황이었는데 N 씨는 마을 홍보지 재개의 의미를 담아 '통신' 형태로 주민에게 전달하고 싶다고 말했다. 이렇게 몇 번을 찻집에서 논의하며 구체적인 '통신' 발간 계획을 세웠다.

취재 협력자로서 중간지원조직

'통신'의 취재와 원고 작성은 민간이 담당하고 피해자 취재 승낙 확인과 '통신' 인쇄, 발송은 행정이 하기로 했다. 평상시 같으면 민간단체와 행정이 일하려면 세세한 문서 교정 등 번잡한 행정 수속이 필요했지만 당시에는 의기투합하여 신속하게 행동하려고 모두 노력했다.

전국의 피난민 취재, '통신' 발행 가능성 등은 매우 불확실한 상태였다. 그러나 결국 '해볼 수밖에 없다'는 마음만 가득 안고 일을 추진했다. 그 결과 2011년 7월 1일 '통신'을 창간하여 2022년 3월까지 매월 1일, 11년간 빠짐없이 전 세대에 발송했다.

'통신' 제작 과정에서 전국 각지의 취재와 원고 작성을 누가 할 것인가가 문제로 나타났다. 그러던 중 각지에 뿌리 내리고 활동하며 지역 정보에 정통한 중간지원조직이 머릿속에 떠올랐다. 그들은 일면식도 없는 내가 전화했는데도 협력 요청을 흔쾌히 받아주었다.

후쿠시마, 야마가타, 지바를 시작으로 사이타마, 아키타, 시즈오카,

이시카와, 교토, 히로시마, 후쿠오카, 오키나와, 홋카이도 등 전국 각지에 취재처가 생겨났다. 이들은 '통신' 프로젝트뿐만 아니라 부흥지원원사업도 착실히 지원해주었다.

그 결과 119호가 발행된 '통신'은 취재건 수 466건, 취재 협력자는 연인원 132명으로 나타났다.

'통신'이 전한 내용

시간이 지나면서 한 사람 한 사람의 생활이나 나미에정의 모습도 크게 변했다. 이런 변화과정 속에 감춰진 주민의 목소리와 마음을 기록으로 남기는 일이 '통신'의 목적이다.

피해 상황에 대한 많은 수치와 정보가 존재하지만 주민의 생각과 마음 기록, 특히 긴 부흥 과정에 대한 생생한 기록은 존재하지 않게 마련이다. '통신'은 갈등까지 포함한 모든 마음의 기록을 담고자 했다.

◆ 슬픔, 갈등, 희망

'통신'은 있는 그대로 주민의 소리를 가감 없이 전달했다. 지면에 표현되는 말은 한계가 있지만 실제 취재활동에서는 그 몇 배의 마음을 느꼈다. 말할 수 없는 고통과 슬픔, 마음의 갈등, 그리고 미래에 대한 희망 등을 최대한 '통신'에 담고자 노력했다.

도쿄로 피난 간 어떤 남성은 지금도 후쿠시마에서 부흥에 힘쓰는 동료가 있는데 자신은 지역 외로 피한 마음을 '동료를 배신한 죄책감'이라고 표현하며 '통신'을 통해 모두에게 사과하고 싶다고 말했다.

"후쿠시마 방언으로 이야기하고 싶어요"라며 쓰나미로 돌아가신 아버지의 영정을 안고 피난처인 도쿄에서 고독함에 젖어 말하는 사람, 바다가 없는 내륙 땅으로 피난 갔기 때문에 일자리를 찾지 못해 어려움을 겪으며 방사선 불안 없는 어촌에서 어부 일을 하고 싶어하는 사람, "아이가 커서 자립하면 반드시 나미에로 돌아가고 싶다"며 어린아이의 안전을 생각하면서도 다른 한편으로는 고향에 대한 마음을 눈물 흘리며 말하던 젊은 부부.

처음에 취재자들은 '통신'에서 만큼은 최대한 긍정적 내용을 싣고 싶다고 생각했지만 실제 취재를 진행하면서 사람은 슬픔을 공유하는 것만으로도 긍정적으로 변한다는 것을 배우게 되었다.

그리고 서로의 다름과 같음을 확인하는 '마음(心)의 통신'이라는 의미를 깊이 되새겼다. 불가피하게 피난생활을 하던 주민들의 말 속에서 행정에 대한 비판이 나올 수도 있는 상황이었는데 당시 바바 타모츠(馬場有) 정장은 이러한 비판도 모두 실어야 한다는 의지를 강하게 관철시켰다. 그 덕분에 주민들의 진심이 많은 공감을 얻으며 주민들간의 정(情)으로 쌓여갔다.

◆ 피해자 자립과 다양한 삶의 방식

'통신'은 피해자 자립과 마을 부흥의 의미를 생각해보는 계기를 제공했다. 안정된 주거, 일자리 그 외에 필요한 것은 무엇인지, 마을로 귀환하면 부흥할 수 있는 것인지, 피난민이 피난 지역에서 각자 할 수 있는 실천은 없는 것인지 등에 대한 구체적인 고민을 하게 되었다.

취재활동을 통해 나타난 주민의 생활, '통신'으로 전해지는 메시지는 피해자의 삶이 다양하다는 것을 알려주었다. 단 하나의 올바름이 존재하는 것이 아니라 다양한 사고방식과 삶의 방식이 있다는 것을 알게 되었고, '통신'을 통해 서로를 확인하며 관계 맺는 기회를 소중히 여기게 되었다.

◆ 한 사람 한 사람의 변화와 성장

또한 '통신'은 주민 한 사람 한 사람의 변화와 성장을 지켜보았다. 처음 취재할 때 초등학교 6학년이던 소년이 2년 뒤에 중학생이 되어 또 취재대상이 된 경우도 있었다. 취재진은 천진난만했던 소년이 어엿한 모습으로 성장한 것을 보고 감격했다(〈사진 5-1〉).

〈사진 5-1〉 나미에 마음통신 2011년 7월 1일

처음에는 "귀향하지 않겠다"고 말했던 사람이 1년 뒤에 만났을 때에는 "너무 귀향하고 싶다"고 말한 경우도 있다. 취재에 응한 것을 계기로 가족들과 처음으로 미래의 일을 의논했다는 반응도 있었다.

이렇듯 '통신'은 단순히 주민의 말을 문장으로 옮기는 것에 그치지 않고 주민 의견을 소중히 들으면서 생활 재건과 부흥을 위해 노력하는 사람들의 변화를 지켜보았다.

3. 부흥지원원 사업과 중간지원조직 네트워크

동일본 대지진의 특징 중의 하나는 피해자의 분산 피난이다. 쓰나미 피해로 지역이 전멸한 이와테, 미야기 지역의 해안부를 중심으로 우선 가설주택을 짓기 어려운 입지의 거주자, 고령자, 거동이 불편한 사람들을 피신시켰다. 피난민들은 이전의 커뮤니티가 와해 된 채 흩어져 살 수밖에 없었다.

민관 모두 과거의 지진 피해 경험을 통해 가설주택 지원이나 가설주택을 제공하는 커뮤니티 지원은 충분히 있었다. 그러나 피해 이전의 커뮤니티 관계를 재활성화하는 사업은 드물었다. 결국 개인의 자립을 지원하는 사회복지사와는 다른 의미에서 지역 커뮤니티를 지원하는 인력이 필요했다.

2004년 니가타현 주에쓰(中越) 지진과정에서 이러한 역할을 했던 지역부흥지원원(인력) 사례가 있었다. 2007~2011년까지 총 51명이 활동했다.

그 경험을 반영하여 동일본 대지진 때에는 미나미산리쿠정(南三陸町)과 히가시마쓰시마시(東松島市)에서 '마을 부흥 만들기 추진원'을 설치했고, 이 사례를 참조하여 총무성은 2012년부터 부흥지원원 사업을 시작했다.[68]

지역 연대와 커뮤니티 재생은 피해자의 자립 생활을 위해 필수적이지만 부흥지원원을 배치했다고 바로 성취되기는 어렵다. 분산 피난이 진행되면 더 어렵다. 그래서 부흥지원원 활동을 지원하는 시스템 구축이 필요해졌다.

제도 도입에서 본격 전개로 진전

나미에정은 2012년 7월부터 부흥지원원(이하 지원원)을 지바, 야마가타에 3명씩 시범적으로 파견했다(총 6명 중 5명이 나미에 주민이었다). 초기 단계의 지원원은 공익재단법인 도호쿠 활성화연구센터(이하 활성연)와 협력하여 마을 단독 사업으로 진행했다.[69]

지원원의 주요 역할은 다음과 같다. ① 지역 외 피난민 연결을 위해 교류 및 대화 기회 만들기, ② 피난민과 마을 행정의 연결을 위한 연락 및

---

[68] 부흥지원원 제도화 과정은 사쿠라이 쓰네야(櫻井常矢). 2015. "震災復興‧地域コミュニティ再生と中間支援システム: 復興支援員の展開過程をもとに." 「日本地域政策研究」 제14호: 4~11. 참조.

[69] 나미에정 부흥지원원 도입 시기는 2012년 7~12월이며 싱크탱크기관 공익재단 도호쿠 활성화연구센터의 부흥 지원 프로젝트로 시작했다. 나미에정에서 직접 고용, 그리고 거점 조직 관리 업무는 활성연 위탁사업으로 실시되고 있다. 상세한 것은 공익재단 도호쿠 활성화 연구센터. 2013. 「후쿠시마현 나미에정 부흥 마을 만들기 지원 활동기록 보고서」 참조. https://www.kasseiken.jp/ (역주)

조정, ③ 피난민의 주체적 커뮤니티 활동 지원 등이다.

지원원은 집단 이전을 전후로 마을 만들기와 지역 커뮤니티 재생을 목적으로 하는 인적 자원으로서 전국의 피난민들을 연결하고자 했다. 그러나 실제로 그런 효과를 거둘 수 있는지 확신하기 어려운 상황이었고 원활한 연락·조정이 가능할지도 미지수였다.

나미에정은 초기 단계에 활성연으로부터 지바, 야마가타에 거점이 있는 중간지원조직(이하 거점 조직)에 위탁하는 형태로 지원원을 파견하는 독자적인 나미에정 모델을 만들었다.

2013년부터는 활성연 대신 도호쿠 권역 지역 만들기 컨소시엄(이하 도호쿠 컨소)이 전국 5개 거점 조직의 코디네이터 역할(이하 코디네이터 조직)을 하며 총 13명 지원원이 본격적으로 활동하게 되었다. 그 결과 2014년까지 전국 10개 거점에서 28명 지원원이 활동했다.

코디네이터 조직의 활동

지원원은 마을행정이 직접 고용하기 때문에 개인정보를 확보할 수 있다. 그들을 거점 조직 등 코디네이터 조직에서 일괄 위탁 운영한다.

지원원 사업은 지원원을 직접 지원하는 거점 조직, 그리고 거점 조직과 지원원 간 수평적 연결을 만들며 포괄적으로 지원하는 코디네이터 조직이라는 중간지원조직 연대로 진행하는 것이 핵심이다.

코디네이터 조직의 중요 역할은 다음과 같다.

첫째, 거점 조직을 정기적으로 방문하며 정보를 공유한다. 거점 조직과 지원원이 정보 수집과 조정을 한다. 거점 조직과 지원원의 관계가 항상 원활하진 않기 때문에 문제를 발견하여 행정에 전달한다. 동시에 지원원과 상담하고 지원 조직에 해결책을 제시한다.

두 번째는 나미에정 부흥지원원 추진회의(이하 추진회의)를 기획하고 운영한다. 추진회의는 지원원, 중간지원조직, 행정이 함께 하는 정기 학습회이다. 지원원 활동과정에서 파악한 주민의 생활모습, 주민교류회를 기획하는 지원원의 역할, 지원원의 고민 등을 공유한다.

예를 들어 "생각한 것처럼 교류회에 주민이 모이지 않는다", "주민의 다양한 요구에 대한 대응이 고민이다" 등 지원원의 고민을 공유하며 구체적인 대응책을 공동 논의한다.

확신할 수 있는 해결책은 없기 때문에 참여자 모두 수평적 관계 속에서 함께 생각하고, 모색하는 협동관계가 형성된다(〈그림 5-1〉). 코디네이터 조직은 일관되게 그런 환경을 유지하는 것을 유념하며 활동한다.

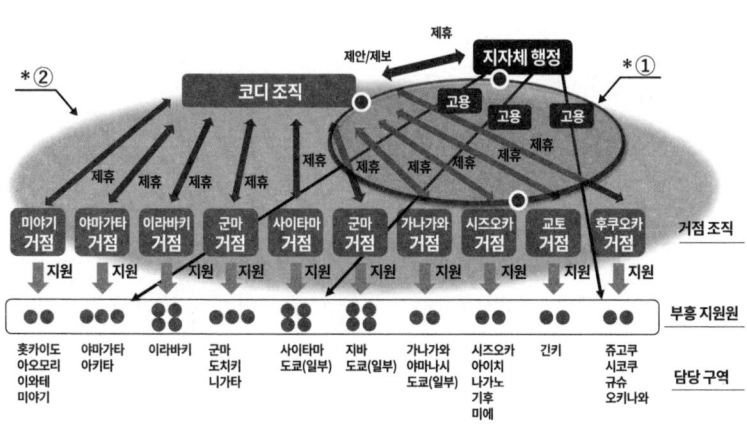

〈그림 5-1〉 2014년 나미에정 부흥지원원 추진체계

셋째, 거점 조직만으로 대응하기 어려운 광역 차원의 과제에 대한 행정 대응을 시행한다. 지원원은 시간이 지나면서 나타나는 주민의 변화에서 문제점을 발견했다.

예를 들어 주민 교류회나 각종 모임에 오는 사람만 오는 현상, 전화 연락에 응하지 않고 때로는 문전박대까지 하는 주민들의 반응, 심리적 문제를 겪는 주민 지원 등 정말 많은 문제가 나타났다.

지원원도 주민이기 때문에 어쩔 수 없이 감정 소모를 할 수밖에 없고 한편으로는 여러 주민의 고통을 지원원 혼자 모두 감당해야 해서 사업 효과가 제대로 나타나기 어려운 상황이 되었다.

따라서 코디네이터 조직은 지원원과 거점 조직에게 구체적 시행 방법을 일방적으로 제시하는 것이 아니라 각자 충분히 생각하고, 대화하고 고민을 나누며 활동할 수 있는 공간을 형성하고자 했다.

추진회의에서 독자의 사업 창조로

지원원이 활동을 시작할 때 상세한 활동 매뉴얼은 없었다. 스스로 해야 할 일을 찾아냈고 그 과정이 오히려 큰 의미가 있었다.

추진회의는 전체적인 상황을 공유하면서 지원원의 활동방식이 자신의 것으로 체화되는 장이었다.

지바현에 파견된 나미에 지원원 사례를 보자.

우선 동행 방문 방식이 있었다. 주민의 피난처로 지원원이 공무원, 보건사 등과 함께 방문하는 형태로 진행되었다. 심리적 지원 및 이후의 생활 유지를 위한 지원이었다.

지바현 파견 지원원은 다음과 같이 말한다.[70]

"주민의 목소리를 들을수록 아무것도 할 수 없는 기분에 처음엔 너무 힘들었어요. 그래서 어느 날 문득 주변 사람과 단체의 힘을 빌려야겠다고 생각했지요. 그러고 나니 마음이 편해지고 동행 방문 아이디어까지 떠오르게 되었습니다."

또 하나의 활동방법은 주민 교류회 사업 '옆집입니다'이다. 근거리에 사는 주민끼리 몇 명만 모이는 교류회이다. 통상 주민 교류회는 모든 주민에게 직접 연락해서 알리고 다과회와 회식, 학습회, 콘서트, 관광 등을 개최한다. 그러나 지진 후 3년간 교류회 참가자는 줄어들었고 오는 사람만 오는 등 참여 분위기 자체가 침체되는 분위기였다.

나미에 지원원은 개별 방문으로 주민 의견을 반복해 들으면서 교류회에 대한 수요가 늘고 있음을 파악했다. 주민들은 교류회에서 좋은 정보와 솔직한 의견 교류를 하고 싶어 했다.

다만 부담스럽게 많은 사람이 모인 장소가 아니라 몇몇이 의논하는 방식을 선호한다는 걸 파악했다. 그렇게 '옆집입니다'라는 소수 교류회가 만들어졌다.

이렇듯 지원원은 누군가 외부로부터의 가르침을 받는 객체가 아니라 과제 해결 주체로서 '피해자(지원원)가 주체가 되는 부흥'을 실천했다.

---

70) 2014년 5월11일, 2014년 제1회 부흥지원원 추진회의(후쿠시마시)에서 신규 지원원 앞에서 발표한 내용.

4. 중간지원조직 중층화의 의의

지금까지 나미에정 부흥지원원 사업에서 중간지원조직의 역할을 정리해 보았다.

첫째, 지원원을 직접 지원하는 거점 조직이 있다. 거점 조직은 피해지 주변의 행정, 사회복지협의회, 그 외 관계기관·단체와 지원원과 연대한다. 또한 지원원의 정신적 부담에 대해 상담하고 케어한다. 거점 조직은 이렇게 지원원에 직접 다가가며 관계기관과 연대를 촉진하고 지원원의 역할을 함께 모색한다.

둘째, 코디네이터 조직의 역할이다. 코디네이터 조직은 거점 방문과 추진회의를 거듭하면서 지원원, 거점 조직 상호간 노하우와 정보 공유를 촉진한다. 함께 배우는 환경을 만들고 각각의 역할 발견과 공유를 거듭하면서 간접적으로 지원한다.

셋째, 중층적 중간지원조직 구조를 형성하여 지원 자세 및 이념의 일관성을 유지하며 협동형 재해 부흥을 실현한다(〈그림 5-1〉). 지원원, 중간지원조직, 행정의 수평적 관계를 유지하며 실천에 입각한 지원자 상을 구축했다.

행정 등이 미리 지원원의 역할을 매뉴얼로 제시하는 것이 아니라 추진회의를 통해 최전선에 있는 지원원으로부터 수집한 현장 정보를 근거로 의논을 조합하는 등 피해자의 과제와 수요를 기초로 지원원 활동을 구상했다.

앞이 보이지 않는, 답이 없는 지진 부흥 여정이야말로 함께 생각하고 고민하고 대화하고 창조하는 협동 과정이 요구된다. 코디네이터 조직은 그러한 환경을 갖추기 위해 매진한다. 지원원으로서 부흥 일꾼이 되는 주민 한 사람 한 사람의 힘으로 부흥의 자세가 만들어졌다. 이는 거점 조직, 코디네이터 조직이라는 중간지원조직의 중층적 지원을 통해 실현되었다.

6장
지역 외 피난민 지원사업과 중간지원조직

나베시마 요코(鍋嶋洋子)

1. 부흥 지원원 사업 : 서로 배우는 관계

동일본 대지진의 피해지 영상을 본 사람은 누구도 잊을 수 없을 것이다. 쓰나미로 많은 집이 떠내려가고 목숨을 잃었다. 이어진 원전 사고 소식에 무력감을 느꼈을 것이고 피해 주민을 돕고 싶었을 것이다.

나는 중간지원조직으로써 활동한 지 10년차 된 공립시민활동센터에서 일한다.

"나미에정의 피난민에게 피해시 상황과 그 후의 피난 상태, 마을에 대한 마음을 청취하고 기사로 만들어 주었으면 좋겠다"는 의뢰를 받아 2011년 여름부터 '통신' 취재를 시작했다.

우리 단체의 사업은 NPO 운영, 강좌 기획, 학습, 교류 기회 제공이 대부분이었다. 그러나 '통신' 취재는 간토 권역 피난민의 집을 직접 방문하여 지진 당시의 상황, 그 후의 피난 생활과 생각을 듣는 활동으로 이루어져 우리가 해왔던 일반적인 사업과는 전혀 다른 사업이었다.

피난민에게 "괜찮아요?"라고 물으면 대개 "괜찮아요"라고 대답한다. 자기보다 더 힘든 사람이 있을까 봐 고민이나 생각을 표현하지 않고 마음에 담아 두는 경우가 많다. 그렇기 때문에 취재과정에서는 우선 체험한 일과 생각을 있는 그대로 듣는 것을 중요시했다.

피난은 일시적이며 바로 돌아갈 수 있다고 생각해서 간단한 짐만 챙겨 온 사람, 여러 곳의 피난처를 전전하며 자신과 가족 안전을 최우선하며 생활하는 사람, 그리고 나미에정에 대한 애착이 변함없다고 이야기하는 사람 등 그 내용은 매우 다양했다.

원전 사고와 피난처에 대한 정보 제공과 대응이 충분치 않다고 생각하지만 정부와 행정에 대한 원망보다는 일단 피난처가 있으니 다행이라는 안도감과 자기 의지와 상관없이 오래 살던 집과 땅을 두고 떠나온 것에 대한 슬픔이 더 크게 느껴졌다.

그 여름, 취재하러 가면 많은 집들의 현관문은 열린 채 였다.

피난민들은 "나미에에서는 바닷바람이 시원하기 때문에 현관문을 열어놓으면 에어컨이 필요없었다", "근처 집들은 다들 아는 사람들이어서 차를 마시러 오든지 얘기를 나누는 생활이었기에 자물쇠를 잠근 적은 없었다"며 처음 보는 내게 다정히 말을 건넸다.

그런 이야기를 들으면서 나미에정의 풍요로운 자연환경과 주변 교류를 소중히 한 삶에 대해 도시에서 느낄 수 없는 후한 정을 느꼈다.

지진 전 나미에정 인구는 2만 천 명 정도여서 피해지 가운데 비교적 큰 규모였다. 원전이 있는 지자체도 아니었고 지자체가 버스로 피난시 켜주지도 않고 그저 될 수 있는 한 멀리 피난가라고 했기 때문에 각자 알아서 피난 간 상태였다.

나미에정 피해자와 지원원 사업에 관심 있는 시민을 대상으로 지원원을 공개 모집했다. 지바현에 피난 온 많은 사람들이 지원원을 하고 싶다고 나섰다. 지원원은 피해자에 대한 공감도가 높고 지원 제공자와 수혜자에 상관없이 수평적 방식으로 지원활동을 전개했다.

우리 같은 중간지원조직이 지원원 활동을 지원하면서 공적 지원과 민간 지원이 연결되었다. 지원원이 피난민일 경우에는 자기와 같은 처지의 사람들을 많이 만나면서 동병상련의 마음이 깊어지기도 했다.

한편 피난처·피해자 정보 제공과 민관 지원자간 연대는 여전히 과제로 남아 있어서 그 사이에서 중간지원조직의 역할이 더욱 중요하게 여겨졌다. 피난민의 괴로움, 예를 들어 피난처에서 복지 서비스 받기 위한 방법, 상담자 찾기 등 많은 문제를 해결하기 위해 맞춤 지원을 하려고 노력했다.

2. 나미에정 부흥지원원 추진회의 : 깨달음을 사업에 반영

지원원 사업의 특징은 '수평적 정보 교환' 및 '깨달음을 사업에 반영'하는 것이었다. 지원원과 그들의 활동을 지원하는 중간지원조직 직원들로 구성된 '부흥지원원 추진회의'가 전국 가지에서 수 차례 숙박 형태로 개최되었다.

　이 회의의 특징은 사업의 큰 방향성을 공유하지만 업무 내용 지시는 하지 않는다는 것이다. 각 지역에서 피해자 상황에 맞춘 지원 방식을 토론 형식으로 의견교환을 한다. 이러한 정보 교환을 거듭하면서 각자 깨닫고 판단하여 지원방법을 만들었다.

　그 결과 지바현에서는 피난민들 서로 어디에서 지내는지 모르는 상황을 바꾸기 위해 인근 장소에서 서로 만나 교류할 수 있는 '옆집입니다'라는 작은 교류회를 열었다. 또한 고민이 있는 피난민 집에 지원원과 보건사 등 전문가가 같이 가서 지원하는 '동행 방문' 활동도 했다.

　추진회의 과정에서 커뮤니티, 피난처 상황, 주민의 생각·불안 등을 지원원과 중간지원조직이 대화하며 과제를 정리하고 지원방법을 모색했다.

　지원원 ○○ 씨는 피난민 한 명 한 명의 생각과 고민을 신중하게 듣고 상황에 맞춰 보건사나 행정 창구를 연결했다. 그러나 때로는 피난민의 입장과 상황에 너무 빠져들어 자신의 마음을 통제하기 어려운 상황도 경험했다. 그래서 중간지원조직에서는 지원원이 고립되어 고민만 하는 상황을 막고 그들을 적극적으로 지원했다.

　피해 당사자이기도 한 지원원 K 씨는 당사자이기도 했기 때문에 배상·보상 서류를 알기 쉽게 설명해주고 신청 절차도 도왔다. 동일본 대지진 얼마 전에 경영하던 슈퍼를 그만둔 K 씨는 친구도 많고 밝은 성격이라서 누구에게나 친절했다.

　제일 중요시 한 것은 누구를 위해, 무엇을 위한 사업인가 하는 것을 명확히 공유하는 것이었다. 가능한 것, 모든 것을 직접 피난민을 만나는 지원원과 지원원을 지원하는 중간지원조직이 인식하고 실천함으로써 보다 유용한 지원이 실현되었다.

3. 나미에정 부흥지원원 사업의 성과와 과제

　피난 직후 주민 모두가 불안에 떨던 시기에 지원원 사업이 전개된 것은 큰 의미가 있다. 피난처의 지역 정보도 별로 없던 때여서 각 지역의 지원원이 수집한 개별 정보들은 큰 도움이 되었다.
　지원원이 있었기 때문에 물어 볼 사람이라도 있었고, 지인이나 친척이 있는 피난처도 확인할 수 있었다. 또한 피난처에서 느끼는 생활과 문화의 이질감, 고립과 외로움, 취업 활동, 보상지원 신청과정에서도 지원원의 도움을 받았다.
　나미에정에서는 피해지의 오염이 제거되고 2017년 3월부터 귀환곤란지역을 제외하고 피난 지시가 해제되었다. 지진 발생 6년이 지난 후에야 '돌아가고 싶어도 못 돌아가는 마을'에서 '돌아갈 수 있는 마을'이 되었지만 귀환도 쉬운 일은 아니었다.
　피폭에 대한 편견이 많기 때문에 피난처에서 피난민이라는 사실을 감추며 생활한 피난민들은 귀환이 가능한 시기가 되어도 곧바로 피난처를 떠나기 어려웠다. 피난처에서 취업과 아이들의 취학 등 생활 기반을 잡으며 6년을 지내다 보니 돌아가고 싶은 마음은 있어도 귀환 후의 삶이

지진 발생 전과 같을지 확신하기도 어려웠다.

그저 현실을 받아들이고 피난처에서의 삶을 선택하는 사람이 대부분이었다. 피난 지시 해제 후 귀환한 사람은 10% 정도에 불과했다.

지원원 사업은 2018년 3월 종료했다. 그러나 종료방식은 다소 유감스럽다. 지진 전엔 대가족 거주도 많았지만 피난하며 단독 세대화가 되어 고령화, 핵가족화, 단신 세대화라는 과제가 대두되었다.

지역과 연대가 약한 주민도 많아 피난민과 지역을 연결했던 지원원 활동은 매우 의미 있는 것이었다. 지원원 활동과정에서 체험한 생생한 지원기록을 마을 사업이나 이후의 다른 지원 사업에도 많이 반영했으면 좋겠다.

한편 나미에정 사무소 운영의 어려움도 느낀다. 원래 마을 행정은 일정한 범위 안의 주민의 힘을 기반으로 이루어진다. 그러나 피난민이 마을 밖에 많이 존재하는 상황에서는 정확한 행정 방향성을 정하기 어렵다. 시간이 지날수록 '어디에 있어도 나미에 주민'이라는 표어의 영향력은 약해질 것이다. 어떤 부흥을 해야 하는가 하는 문제는 여전히 남아 있는 것이다.

4. 중간지원조직의 지원 고리를 넓히자

지바현에는 나미에정 부흥 지원원 사업 외에 몇 개의 피난민 지원단체가 생겼다. 그러한 단체들은 피난한 지자체와 연대가 약했기 때문에 교류회 개최나 참여자 모집에 어려움을 겪었다. 그러나 '정보 교환회'를 개최하며 대학 소속 단체나 후쿠시마현, 지바현의 행정 담당 부서, 지원원을 초대하여 활동내용과 과제에 대한 의견을 모았다.

지속적으로 정보 교환회를 개최하며 피난민의 생활과 각 조직의 활동내용을 들었고 교환회에 참여한 단체들 중심으로 실행위원회 형식으로 '엔조이(縁joy) 교류회'를 1년에 한두 번 개최하며 교류 기회를 만들었다.

엔조이 교류회에서는 나미에정, 후타바정, 오쿠마정의 전통예능을 공연하며 지역 외 피난민을 위로했다. 공연장 여기저기에서 "오랜만이야, 잘 지내, 만나서 다행이다"라는 소리가 들렸다.

NPO 클럽은 지원원 사업을 진행하면서 후쿠시마현 피난민을 지원할 필요가 있다고 판단하여 2013년부터 후쿠시마현 위탁 사업과 보조금 사업을 실시했다.

2015년까지 후쿠시마현의 위탁 사업에는 사업명에 '고향', '인연 유지'라는 말이 포함되었지만 2016~2017년 사업에는 '인연 유지'라는 표현이 빠지고 '교류 상담 사업'이 포함되었다. 2018년부터는 '현 외 피난민 상담·교류·설명회 사업'으로 변경되었다(〈표 6-1〉).

지진 직후에는 '인연'이라는 말이 많이 들렸다. 사람과 사람의 연결, 주거, 토지와 연결이 단절된 상태에서 같은 피난처의 피난민까지 연대를 유지하기 위한 사업이 시행되었다. 한 사람 한 사람이 바라는 삶을 실현할 수 있도록 복지 지원 등 다양한 제도와 서비스를 제공하고자 했다. 그러나 그러한 사업들에 대한 정보 제공은 아직도 부족하다.

<표 6-1> NPO 클럽의 후쿠시마 관련 사업

2011.03.11. 동일본 대지진 발생
2011.08~2022.03 「나미에 마음 통신」취재 *
나미에정에서 간토권으로 피난 간 사람들에게 지진 당시의 상황과 생각을 취재하여 주민의 마음을 연결하고, 기록을 남기기 위해 시행. 취재 기사는 마을 홍보지에 게재
2012.09~2018.03 지바현의 나미에정 부흥지원원 사업 *
주민생활의 불안감을 줄이고 생활재건을 지원하기 위해 지원원을 배치하고 지원원을 지원. 처음에는 야마가타현과 지바현에 우선 배치했고 이후에 전국 7개 지역에 배치함
2013.06~2016.03 후쿠시마현 고향의 정(情)유지 및 재생지원 사업 **
나미에정 및 후쿠시마현 피난민 지원을 목적으로 시행. 지바현에서 지원활동을 실시하고 다른 단체와도 연대하며 피난민 지원
2014.06~2016.03 후쿠시마현 고향 후쿠시마 귀환 지원 사업 **
피난민, 지원원과 함께 피해지를 방문하여 오염제거 활동 실시. 피해지 현황을 확인하는 버스투어 실시
2016.06~2018.03 후쿠시마현 고향 후쿠시마 교류상담 지원 사업 **
피해지의 피난민 지원 이벤트 '엔조이 도호쿠' 개최. 정보지 '엔조이 도호쿠' 발행. 지원단체간 정보교환 및 과제 공유
2018.04~2021.03 후쿠시마현 외 피난민 귀환·생활재건 지원 보조금 사업 **
피해지의 피난민 지원 이벤트 '엔조이 도호쿠' 개최. 정보지 '엔조이 도호쿠' 발행. 지원단체간 정보교환 및 과제 공유
2018.04~현재 후쿠시마현 외 피난민 상담·교류·설명회 사업 **
후쿠시마현 외 피난민 상담센터 개설. 상담 대응과 교류를 촉진하는 기획 등을 실시

* 나미에정 사업 / ** 후쿠시마현 사업

한편 '지진이 없었더라면 원전 사고도 없었다'는 피해자의 마음을 기억할 필요도 있다. '본심은 당사자만 제대로 말할 수 있다'는 원칙에 입각하여 마음 상하지 않고 의견을 나눌 수 있는 주민 교류회를 만들어야 한다.

우리 단체는 피난 지시가 해제되었지만 여전히 돌아가기 어려운 상황에 처한 피난민을 계속 지원하고자 한다.

5. 중간지원 조직의 역할 : 당사자 중심의 사업 설정

NPO 클럽은 생활클럽, 생활협동조합, 지바현 활동·사업을 기반으로 2000년 설립되었다. 특정비영리활동촉진법 제정을 계기로 도모토(堂本) 지바현 지사가 'NPO현 지바'를 표방하며 행정과 NPO의 협동사업이 확대되었다.

NPO 클럽은 현 범위의 중간지원조직으로서 NPO 단체를 대상으로 경영과 회계 지원을 위한 강좌 개최 및 상담 사업을 전개했다. 행정과 함께 진행한 사업으로서 규모는 작지만 지금도 시행하고 있다.

단체가 설립된 지 10년이 지난 지금, 동일본 대지진 관련 활동·사업을 전개하며 NPO 뿐만 아니라 개인도 지원하는 단체가 되었다. 동일본 대지진 지원활동 과정에서 피난민 개인을 상담하면서 단체의 역할과 기능이 변한 것이다.

이 시기 동안 사회 변화도 급격히 진행되었다. 지바현도 저출생 고령화 문제에 직면하여 자치회와 어린이회 등 지연형 조직 가입률이 떨어졌다. 작동하지 않는 조직도 적지 않은 상태다.

주민 스스로의 깨달음, 과제 인식을 반영하여 당사자성과 지역성에 맞춘 지원정책이 필요한 상황이다. 나미에정 부흥지원원 추진회의에서도 '수평적 정보 교환'이나 '깨달음을 사업에 반영하는 것' 등이 핵심 주제였다는 것을 유념할 필요가 있다.

NPO 클럽은 지금까지 행정의 의뢰로 지역운영조직 설립을 위한 워크숍 개최 지원과 설립 후 운영 지원 활동을 했다. 그러나 어떤 것도 지속적으로 이어지기 어려웠고 성과가 잘 나타나지 않았다.

커뮤니티 재생이 가능한 조직 운영 지원을 위해서는 주민들과 직접 만나서 의견을 모으고 정리하는 형태로 일을 진행하는 것이 바람직하다. 그 안에서 앞으로 우리 중간지원조직의 역할을 모색하고 싶다.

7장
피난민 지원 경험을 통해 배운 '중간지원조직'의 위상

하타케야마 준코(畠山順子)

1. 시민활동 지원 장치로 시작한 광역 피난민 지원

NPO법인 아키타 파트너십은 시민활동을 촉진하고 시민과 행정이 협동하여 마을 만들기를 하는 시민참여사회를 구축하고자 한다.

2002년 설립부터 지역 의사회와 연대하여 의사와 환자의 파트너십을 형성하기 위해 환자 쥬쿠[71], 건강 쥬쿠라는 지원활동을 전개했다.

설립 4년차 2006년부터 아키타현의 취미, 스포츠, 생애학습, 자원봉사 등 여가활동 지원 거점 아키타현 유토리 생활창조센터 유학사(遊学舍)의 지정관리자가 되어 중간지원조직으로서 활동을 본격적으로 전개했다.

---

71) 쥬쿠는 일종의 통합강좌를 의미한다. (역주)

아키타현을 튼튼하고 풍요롭게 하기 위해서는 주민 주체의 다양한 활동이 필요하므로 주민의 단체 활동에 대한 자금 지원을 위해 2009년 1월, NPO, 행정, 기업이 참여하여 '아키타 스깃치 펀드'[72]를 설립했다. 시민·기업의 기부금과 현 보조금 등을 기초 자금으로 2023년까지 943개 사업에 기금 1억 4,400만 엔을 조성했다.

유학사에는 자가발전 장치와 수도 시설이 있기 때문에 피난소로 활용할 수 있었다. 또한 동일본 대지진 발생 직후부터 자원봉사 희망자들이 많은 문의를 했다. 그래서 자원봉사자 등록제도를 만들어 자원봉사자 접수를 하고 자원봉사 장소에 파견하고 현지에 구호품을 보내는 지원활동을 시작했다.

현지 정보를 입수하기 어려운 상황 속에서 지진 발생 이전부터 인연이 있던 미야기현 게센누마시를 지원 대상지로 선택하여 구호품을 보내고 잔해 철거와 급식 지원을 했다. 재해 자원봉사와 환경 자원봉사 단체가 현지에 들어갈 때에는 아키타 파트너십 직원이 교대로 동행하며 함께 활동했다.

현 내의 대학교원들이 자원봉사하고 싶어하는 학생들이 많은데 대학만으로는 대응하기 어렵다고 상담해왔다. 그래서 NPO, 대학, 기업, 상공회의소, 사회복지협의회 등 30여 개 기관이 모여 재해 자원봉사 활동 지원 네트워크 아키타를 설립하고 주1회 정보 교환을 시작했다. 이 네트워크를 통해 현지 지원에 필요한 정보 공유와 학생을 위한 재해 자원봉

---

72) https://sugicchifund.akitaps.jp/ (역주)

사 강좌 활동 등을 2년간 진행했다.

동일본 대지진 후 아키타현으로 온 피난민 지원에 아키타 스깃치 펀드가 큰 역할을 했다. 시민, NPO, 기업 등으로부터 많은 기부금과 모금활동으로 기금을 모으고 지자체 보조금 등을 합쳐 지진지원 활동단체 지원금 조성을 목적으로 한 관(冠)펀드 '동일본 대지진 피난민 지원 응원 펀드'를 (아키타 스깃치 펀드 내에) 설치했다. 기금은 2016년까지 50개 사업 약 2천만 엔 규모로 운영되었다.

지진 직후에는 잔해 철거와 구호품 배부, 가설주택 방문 등 현지 구호 활동이 많았지만 점점 아키타현의 피난민 지원 활동이 많아지게 되었다.

예를 들어 지진 직후에 후쿠시마현 출신으로 아키타현의 대학에 다니는 학생들을 중심으로 '후쿠시마 모임'이 만들어졌다. 학생들은 초등·중학생을 대상으로 학습지원 활동 '키비타키(노랑딱새)의 집'을 3년간 운영했다.

아이들의 응석 때문에 부모들이 곤란해하던 상황 속에서 학습 지원과 형·누나들과 대화 기회가 마련되어 참여 어린이들도 크게 만족했다.

지진 1년이 지나서는 아이 엄마들이 자신들의 모임도 만들고 싶다고 상담을 했다. 처음에는 유기농 채소를 기르고 싶어 해서 밭을 빌려줄 사람을 찾아 연결해 주었는데 그 후에 2013년 가을 '아키타 피난민 모자회'까지 만들어졌다.

이 모임은 같은 상황의 부모, 아이들의 교류를 통해 마음 편한 커뮤니티를 만들자는 취지로 만든 것이었다. 모임 구성원과 자원봉사자들이 협력하여 아이들의 쉼터 만들기 '저녁노을 어린이회'와 '요리 강습회' 등도 만들었다.

　이러한 지원 단체·NPO의 활동내용은 사업 보고를 통해 파악했다. 별도 활동이 더 필요할 때에는 관련 있는 단체와 연결해 주었다. 이 모든 게 펀드 효과라고 생각한다.

　이같은 연대를 살려 2012년부터 민관 피난민 지원 단체와 기관으로서 아키타 우쓰쿠시마현인회·NPO법인 아키타 패드러즈, NPO법인 아키타 파트너십, 아키타현·피해자 수입지원실 등이 만들어졌다.

　피난민이 피난처에서 안심하고 생활하며 미래에 고향으로 귀환하거나 생활 재건을 잘할 수 있도록 많은 NPO들은 전문분야를 살려 학습 지원, 가정 방문, 귀환자 교류회, 세대 교류회를 진행했다.

　2019년 개최된 '연대하는 아키타 칠석날 교류회'에서는 아키타 파트너십이 코디네이터를 모아 바비큐와 음악 등을 제공했다. 아이들과 놀기 잘하는 학생 그룹은 함께 책갈피 만들기 등을 했고, 정신과 전문의를 초빙하여 상담과 조언('홋토 살롱 프로그램')도 실시했다.

2. 중간지원조직이 주체가 된 지원 사업

　중간지원조직이 피난민 지원 주체가 되는 움직임도 나왔다. 피난민의 목소리를 세심하게 듣고 직접 관여하게 된 기회가 된 계기는 2011~2021년까지 진행한 마음통신 프로젝트였다. 전국에 분산된 나미에 주민의 마음을 잇기 위해 직접 피난자를 방문하여 이야기를 듣고 '나미에 마음통신'에 게재하는 사업이었다.

지진 피해의 객관적인 증거는 많았지만 마음통신은 주민의 생생한 목소리가 그대로 담긴 점이 좋았다. 피난 직후에 감상적이 되어 울기도 하고 분노와 고민을 어디에서 어떻게 풀어야 할지 모르는 사람들을 많이 만났다.

그 후 시간이 경과하여 같이 피난 한 피난민끼리 익숙해지기도 했고 피난처에서 태어난 아이들도 성장하는 등 피난처에서 생활이 익숙해졌다. 그러나 그럴 때일수록 이대로 포기할 순 없다며 분발하는 모습도 나타났다.

피난처에서 살기로 했지만 쓸쓸함과 처량함, 낯선 환경 속에서 고향에 돌아가고 싶어하는 피난민도 많았다.

마음통신 취재를 하면서 피난민과 만나고 깊은 관계를 맺으면서 지진 피해를 알리는 역할을 하고 싶어하는 사람들도 생겼다.

나로서는 일본NPO센터의 의뢰로 JCN(동일본 대지진지원 전국 네트워크)의 '지역조정원'(2013~2016년)으로 활동한 것도 하나의 기회였다. 아키타현의 지원활동을 블로그에 올리고 전국 피난민 지원 단체 네트워크(광역 피난민 미팅)에 참여했다.

2016년부터는 후쿠시마의 '현외 피난민 상담·교류·설명회 사업'에 참여했다. 내가 속한 단체가 전국 26개소에 설치된 '현외 피난자 생활재건 지원거점'의 하나가 되어 아키타, 아오모리, 이와테 피난민을 지원했다. 피난민에 직접 관여하는 이 사업은 큰 전환점이 되었다.

이 사업에서 '유학사'를 거점으로 전화 등 상담대응을 하고 아키타,

아오모리, 이와테 3개 현에서 상담·교류회, 피난민 가정 방문 등을 했다. 아키타현에서는 이제까지 구축한 네트워크로 대응할 수 있었지만 다른 지역에 대해서는 대응하기 어려웠기 때문에 타지역 지원단체와 연대하여 사업을 진행했다.

피난생활이 길게 이어지면서 걱정도 심해지고 생활 곤궁, 가정 폭력 불안에 대한 상담도 이어졌다. 할 수 없다고 체념하는 사람도 적지 않았다. 교류회에서도 "가족이 피난처에서 살고 마을회 임원도 하지만 나는 피난민이라고 말하지 못하는 소심한 사람이다"라고 말하는 사람도 있었다. 일상생활에서 털어놓을 수 없는 이야기들을 교류회에서 말하며 위로받는 사람도 많았다.

상담의 대부분은 어디에서 상담하는가보다 그저 이야기를 듣는 것이 주된 것이었다. 모든 상담을 해결할 수는 없지만 듣는 것 자체가 최선인 상태였다.

2022년 거점사업 대상지인 기타도호쿠 지역의 3개 현 지원 단체들의 정보교류회를 개최했다. 이전부터 도호쿠권 지역만들기 컨소시엄이 주최하는 홋카이도부터 도호쿠지역에 이르는 지원 단체 간 정보교류회와 현지 시찰회에 참가하여 그 유용성을 느끼고 있기는 했다.

그러나 다시 한 번 지원자들끼리 서로 만나 과제를 공유하고 연대를 깊이 하는 것의 소중함을 실감했다. 작은 지역에서는 담당자들이 적기 때문에 이렇듯 광역 단위의 연대 형성도 매우 중요하다.

3. 피난민 지원 경험을 통해 중간지원조직의 역할을 다시 생각하다

피난민을 직접 지원하는 것과 중간지원조직을 통해 지원하는 것은 무엇이 다른가. 중간지원도 현장을 모르면 움직일 수 없다. 자신들도 현장으로 가서 활동하면 현장과 연대가 생긴다. 그렇게 형성된 현장과의 신뢰관계는 상당히 밀접하게 발전할 수 있다.

피해를 당한 일뿐만 아니라 육아나 생활면에 있어서 NPO 활동가의 이야기를 듣기만 하는 데에서 그치지 않고 중간지원조직도 직접 움직이면서 현실을 더 실감나게 알 수 있다. 특히 긴급할 때에는 누군가 도와 줄 때까지 기다리는 것이 아니라 직접 움직여야 한다는 것을 깨닫게 된다.

일단 수요가 발생하면 적극적으로 움직이고 중간에서 NPO에 신속하게 연락하고 함께 움직이는 것이 중간지원조직의 역할이다.

그러나 2023년 7월 14일부터 3일간 발생한 아키타현의 홍수는 그동안 우리들이 쌓아온 중간지원의 자부심을 뒤흔든 사건이었다. 동일본 대지진 구호활동으로 일정 정도 지원에 대한 경험치가 형성되었지만 실제로 피해 당사자가 되니 상황이 크게 다르다는 것을 깨달았다.

10톤 트럭으로 한 번에 구호품이 도착하고 일손이 부족해서 쫓기는 상황도 발생하고 피해 지원 전문가인 외부지원단체가 지원하는 일을 맡는 등 여러 가지 일이 발생하여 패닉상태가 된 적도 있다.

이제까지 행정과 NPO와 미묘한 균형을 유지하며 형성한 관계성이 거대한 지원틀 속에 파괴되는 건 아닌지 하는 불안을 느끼기도 했다. 아키타에는 아키타의 방식이 있다는 생각을 지우기 어려웠다.

　상황이 조금 지난 후에 중간지원조직의 역할은 우선 전체를 바라보는 것이라는 것을 깨달았다. 수해 후 현의 NPO 대상으로 설문조사를 실시하여 함께 지원하고 싶다고 의견을 제시한 곳과는 함께 지원하도록 연결해주었다.

　아키타 시내에서도 NPO와 관심 있는 개인들을 그룹으로 맺어 급식과 상담회를 시작했다. 급식 재료비 정도에 한정되었지만 아키타 스깃치 펀드의 지원도 이루어졌다.

　지역과의 관계는 말을 건네는 것이다. 이번 수해에서도 그랬지만 "참여 부탁합니다"라고 말을 건네면 누구나 기꺼이 도와주었다. 앞으로는 뜻이 있는 시민뿐만 아니라 피난민도 주체로 활동하길 바라고 그런 상태가 되도록 노력할 계획이다.

4. 피난민 지원의 배움과 앞으로의 중간지원조직의 기능

　아키타현청은 주체가 되어 '아키타 모델'이라고 불리는 직영 피난민 지원을 해왔다. 현청에 피해자 접수 지원실을 설치하고 피난민을 비상근 직원으로 고용하여 피난민을 상담하도록 배치했다.

　그 외에도 피난민 호별 방문 및 교류·정보거점으로서 아키타현 피난민 교류센터를 설치했다. 지원정보지 스마일 통신 발행, 정기적인 피난민 의견조사도 함께 실시했다.

행정이 피난민 개인정보를 잘 관리한 것도 중요한 일이다. 피난민의 건강 상담 사업 등 처음엔 민간 주도로 시작한 활동을 현이 이어받는 형태로 보건사 활동을 이어갔다.

다만 현 사업은 계속 지속되는 것이 아니기 때문에 2018년부터 현 피해자 접수 지원실, 아키타현 사회복지협의회, 아키타 파트너십, 그리고 옵서버로서 아키타현 복지보건부 지역가정 복지과가 참여하여 광역 피난민 지원연락회의를 정기적으로 개최하며 지원이 계속 이루어지도록 협의한다.

지원을 계속하기 위해서는 지역 커뮤니티와 지역 복지틀을 유지해야 하지만 이 부분은 여전히 과제로 남아 있다.

이러한 관계기관과의 연대와 지원활동을 전개하는 것이 중간지원의 중요한 역할이다. 아울러 세부 NPO들과의 연대도 지속적으로 고민해야 할 과제이다.

지역 과제를 해결하기 위한 사업으로서 피난민 지원사업을 별도의 위탁사업으로 진행하기도 한다. 그 일환으로 '지역의 작은 거점 만들기 사업'에서는 다양한 섹터를 끌어들여 협의회를 조직하고 역할 분담을 하며 누구나 참여할 수 있는 작은 거점을 만들고자 한다. 처음에는 중간지원조직이 코디네이터를 담당하다가 적절한 시점에 역할을 넘기는 방식이 필요하다.

아키타 시내에서는 집 한 채를 빌려 활동하는 취로지원단체로부터 비어있는 방이 있으니 함께 활동할 사람을 찾는다, 모두 함께 다양한 활동을 해보자는 제안을 받아 준비를 시작했다.

육아 지원·싱글맘 지원 등을 위해서는 NPO·시민활동단체뿐만 아니라 아키타현, 아키타시, 상공회의소, 지역 상점가, 주민 등이 운영협의회를 결성하여 사업을 진행하고 있다. 원래 식당이었던 건물이어서 우선 주방을 사용한 지역 식당을 시작했다. 여기에는 NPO, 주민, 코로나로 일자리가 없어진 음식업계 사람들이 참여했다.

이렇게 지역에 맞는 작은 거점을 한두 곳 늘려가며 모두 모여 자신이 하고 싶은 역할을 하는 그런 거점을 만들고자 한다.

위에서 내려다보는 시선으로 일하면 아무 것도 제대로 진행되지 않으며, 모두 과제를 공유하며 다음 단계의 진행을 모색하는 수평적 방식이 중요하다. 그때그때 필요에 따라 중간지원조직도 직접 지역 과제에 참여해 지원하고 다양한 지역 관계자들을 연결하며 끌어들여야 과제 해결이 제대로 이루어질 수 있다.

8장
도호쿠 지원에서 배운 것을 규슈에서 살리다

이야나가 에리(彌永恵理)

1. 지원 받는 쪽의 입장에서 지원을 시작하다

2011년 동일본 대지진 발생 후 후쿠오카현 오무타시(大牟田市) 사회복지협의회(이하 시사협), 오무타시 요양 서비스 사업자 협의회, 오무타시 장애자 협의회는 복지 현장 활동가들이 나서야 한다는 생각으로 그해 4월에 지원프로젝트를 시작했다. 시사협을 사무국으로 하고 미야기현 미나미산리쿠정 우타쓰 지구를 지원 지역으로 정했다.

'지원 받는 쪽의 입장에서 지원하기' 원칙을 중심으로 커뮤니티 재생을 지원하기로 했다. 2개월간 현장의 의견조사를 통해 쓰나미로 말라죽은 삼나무를 재료로 벤치와 테이블 셋트를 만들었다.

가설주택단지에 이 가구들로 인연을 만드는 야외 찻집 같은 모임장소를 만들고 피난민이 주체가 되어 장소를 운영하는 방식으로 활동을 전개하기로 했다.

활동 취지에 찬성한 오무타시 행정도 합류하여 '동일본 대지진 부흥 지원 끈끈한 정 만들기 프로젝트 오무타(이하 정PJ)'라고 프로젝트명을 정했다. 정PJ는 미나미산리쿠정을 시작으로 미야기현 각지에 지원원을 계속 보내고 그들의 보고내용을 기초로 매주 허심탄회한 토의를 반복했다.

정 벤치에서 커뮤니티를 만들다

기획부터 설치조정·운영상황 파악까지 지역의 마을 만들기 조직 '멋진 우타쓰를 만드는 협의회'의 신중한 협의를 거쳐 지원하는 쪽의 자기만족에 그치지 않도록 세심히 고려했다. 우타쓰 지구의 염해 피해 삼나무로 목공소에서 제작한 벤치는 일부러 미완성으로 만들어 보내 가설주택 피난민이 마지막 조립 설치를 하도록 맡겼다.

추첨으로 가설주택에 입주한 서로 잘 알지 못하는 피난민이 서로 대화하며 자신들의 모임장소를 만들도록 한 것이다. 조립을 다하면 그 장소에 바로 찻집이 열린다. 벤치와 함께 친구도 생긴다. 주민들이 함께 울고 웃으며 미래를 생각하는 장소가 되는 것이다.

벤치 만들기를 시작한 지 6개월이 지나 각지에서 열린 다과모임에 애칭이 붙었고, 난로의 연료비는 참여자 한 명 한 명에게서 모으는 등 주민 주도의 관리 운영 체계가 잡혀갔다. 멀리 규슈에서 온 우리들은 지원자에서 다과모임 친구가 되었다.

한 사람의 백 걸음에서 백 명의 한 걸음으로

정PJ는 벤치를 통해 커뮤니티를 재생시키고자 하는 프로젝트다. 도호쿠에서는 경험할 수 없는 이벤트를 실시하며 관광지에 사람을 모아 부흥에 대한 여세를 몰아가는 일, 관광객에게 피해 현장을 전달하여 피해지에 관심 갖도록 하는 일, 피난민에게 제작 기술을 전수하여 스스로 수익 창출할 수 있도록 지원하는 3개의 목적을 갖고 있다.

축제 개최 장소는 미야기현 마쓰시마정 국보 즈이간사(瑞巖寺) 참배길 주변이다. 지진 전에는 많은 관광객이 찾는 곳이었다. 이곳에서 지역 축제와 연동된 행사를 기획하고 마쓰시마정 관광협회도 실무를 도왔다.

정 벤치 활동은 복지 전문가인 정PJ 멤버가 담당했지만 축제는 일부러 많은 시민이 참여하도록 기획했다. 축제를 지원하러 현지에 온 오무

〈사진 8-1〉 가설주택의 다과모임

타 자원봉사팀은 자신들의 활동으로 사람들이 기뻐하는 모습을 현장에서 보며 큰 보람을 느끼고 들어갔다. 이는 목적에도 없던 넷째의 기쁜 성과였다.

다음 해 즈이간사 참배길의 삼나무 대부분은 쓰나미로 인해 벌목되었지만 지역의 힘으로 만든 대나무 연등이 그 틈을 메웠다.

지원에서 인연으로

정PJ는 피해지에서의 활동뿐만 아니라 오무타 시내에서 활동보고회를 개최하거나 지역신문사 등 미디어의 협력으로 적극적인 홍보도 전개했다. 지원활동 경험을 시민과 공유하며 계속적인 지원 호소와 방재의식 고취, 그리고 지역 커뮤니티에 대해 생각하는 기회를 제공했다. 피해

〈사진 8-2〉 마쓰미사에서 활동한 오무타 자원봉사팀

지에 대한 일방적인 지원이 아니라 오무타 지역에도 환원되는 양방향성 활동을 전개한 것이다.

4년 동안의 활동 후 보고회장에 초대된 미나미산리쿠 우타쓰 지구의 사람들은 "이제까지 미나미산리쿠에서 보고 들은 것을 규슈 각지에 널리 알려주세요. 부흥에 대한 길고 긴 길을 걷는 우리의 뒷모습을 멀리 사는 친구로서 지켜봐주세요"라고 당부했다.

지원받고 지원하는 모두 친구가 되는 새로운 인연이 시작된 것이다.

2. 나미에정 부흥지원사업과의 만남

정PJ 사무국원이었던 나는 2014년부터 나미에정 부흥지원사업에 참여했다. 이 사업의 이념인 피해자가 주체가 되는 부흥, 협동형 부흥은 정PJ가 지향하는 가치와 정확하게 일치했다. 그동안 미야기에서 전개한 경험을 후쿠시마에서도 살릴 수 있다고 생각했다.

나미에정 부흥지원사업이 표방한 또 하나의 이념은 '어디에 살고 있어도 나미에 주민'이다. 그러나 이제까지 전혀 관계 없던 원전사고에 따른 피난이라는 과제에 대해 주민도 아니고 피해자도 아닌 규슈 사람이 하나씩 배워가면서 시작하며 지원할 수 있을지에 대한 불안도 있었다.

다만 복지 현장에서 일상적으로 진행하는 케이스 매니지먼트(case management, 사례 관리) 방법을 활용하여 다양한 사회 자원의 강점에 의지하며 한 명 한 명을 대하면 피난민 지원도 해낼 수 있을 것 같다는 생각으로 활동에 참여했다.

미야기현에서 대나무 등 지원을 통해 신뢰 관계를 확립한 작은 마을 만들기 단체 '오무타·와이와이 마을 만들기 네트워크'를 인수하며 나는 그곳의 거점 운영 책임자가 되었다. 2014년부터 사업 종료까지 4년간 나미에정 부흥지원원 사업을 진행하며 기후현에서 오키나와현까지 27부·현을 총괄하는 후쿠오카 거점을 운영했다.

나미에정의 독자적 방식을 배우다

나미에정 부흥지원원 사업을 통해 후쿠오카 거점에서 일한 부흥지원원은 두 명이다. 두 명 모두 피해자 지원이나 복지 관련 활동 경험이 없고 나미에정과 특별한 연고도 없었지만 오직 돕고 싶다는 순수한 마음으로 지원한 분들이었다.

일부러 매뉴얼 없는 지원원 활동을 표방한 이 사업은 방문, 전화, 교류회를 통해 주민의 의견을 듣는 것이 활동원칙이었다. 그만큼 개별 맞춤으로 진행하는 방식에 대한 불안감도 있었다.

이 불안을 해소해 준 것이 모든 지원조직이 모여 정기적으로 개최하는 부흥지원원 추진회의다. 광범위하게 흩어져 있는 각 거점에서 담당자가 활동을 보고하고 지원방법을 공유하고 지원원들의 의견 교환을 하는 방식으로 진행한다.

추진회의에 참여하여 스스로 노하우를 터득하고 성장하며 성취감과 만족도를 높인다. 피난민 지원 전문 단체뿐만 아니라 일반 시민도 참여하고 배우며 과제 해결 능력이 높아졌다.

이 과정을 통해 두 가지 중요한 점을 배웠다. 하나는 광역 피난민 지원을 위해 광역 거점이 필요하다는 것이고 다른 하나는 여러 개 거점을 효과적으로 운영하기 위해서는 커뮤니티 조직이 반드시 필요하다는 것이다.

마을, 거점조직, 지원원 3자가 수평적 관계로 대화하고 신뢰 형성 기회를 마련하고 이를 중간지원조직이 적절하게 지원해야 성과를 기대할 수 있다.

나미에 마음통신 취재를 통해 느낀 것

또 다른 사업, 나미에 마음 프로젝트에는 나미에 마음 통신 취재자로 참여했다. 피난민으로 싸잡아 취급되는 상황에서 나미에 주민 한 사람 한 사람의 이야기를 듣고 글을 쓰는 작업이다.

취재하며 말을 듣는 것과 글로 옮겨질 때의 느낌이 다르기 때문에 그리고 다른 사람에게 자신의 생각이 노출되기 때문에 취재에 응하는 것을 망설이는 분들도 많았기 때문에 그때그때 다양한 방식으로 접근했다.

피난이나 귀환은 가족들 사이에서도 미묘한 주제이다. 당시 나미에정의 바바 정장은 "2만 천 명의 주민에게는 2만 천 개의 마음이 있다. 그러므로 (그에 맞춰) 2만 천 개의 지원을 해주기 바란다"고 말했기에 방문과 취재를 반복하면서 더욱 신중하게 접근했다.

부부 피난민을 취재할 때였다.

"저기 이야나가 씨. 나는요, 추울 때는 규슈에서 살고 따뜻해지면 나미에에서 살려고 해요."

"어? 그래요? 이야나가 씨. 남편은 내게 그런 얘기 한 번도 한 적이 없어요."

두 사람의 대화에 끼어들어 서로 주거니 받거니 이야기를 했다. 취재를 마치고 떠날 때 부부는 "또 와요"라며 배웅해주었다. 마음이 뭉클했다.

취재내용을 실은 후에 동의하지 않는다며 이의를 제기한 분도 있었다. 그러나 "멀리 피난하여 후쿠시마현에 남아 있는 친척과 사이도 멀어졌는데 마음 통신을 잘 읽었다며 전화가 와서 4년 만에 통화했어요. 취재에 응하길 잘했네요"라는 반응도 있었다.

마음 통신은 '돌아가지 않는, 돌아갈 수 없는, 모르겠다' 등 다양한 생각을 가진 피난민을 서로 연결시키는 역할을 했다. 또한 말로 생각을 전하고 문자로 남기는 과정을 통해 스스로의 마음을 정리하는 데에도 큰 기여를 했다.

마을사무소는 정부 비판 내용이 있어도 레이아웃과 오탈자 교정 이외에 결코 손대지 않았다. 그렇게 성실하게 대했기 때문에 피난민의 마음이 제대로 전달되고 남겨질 수 있었다.

이렇게 정성을 다한 나미에정 부흥지원원 사업과 나미에 마음 프로젝트도 슬슬 마침표를 찍게 되었다. 주최측에서는 마음 통신 사업 종료를 알리며 "나미에로 돌아가고 싶다는 기사를 읽으면 서글퍼지는 것은 나뿐만이 아니라는 위로를 받았고 새로운 곳에서 분발하는 분들의 기사를 보면서는 격려를 받았습니다. 하지만 끝이네요"라고 말했다. 그만큼

활동을 그만두는 일의 어려움과 책임감을 체감했다.

3. 도호쿠에서의 배움을 지방에서 살리다

발전적 해산을 한 정JP의 후속단체로서 2017년 2월 NPO법인 쓰나기 te오무타[73]를 설립했다. 도호쿠 지원과정에서 배우고 깨달은 것을 바탕으로 자연 재해와 인재에 대한 준비와 대응을 적극적으로 하며 자원봉사 정신이 풍부한 사회를 만들고자 하는 목적을 제시했다.

지역의 다양한 주체가 수평적으로 이어지는 조직을 목표로 제시했다. 이사회는 사회복지협의회, 자원봉사연락협의회, 행정, 요양서비스사업자협의회 소속의 네 명으로 구성했다. 모두 도호쿠에서 같이 땀 흘렸던 분들이다.

고령화·인구감소가 전국 평균보다 20년 먼저 진행된 오무타시에서 재해 지원 장치를 만드는 것은 매우 중요한 과제였다. 시민의 대비력과 지원력 향상을 위해 자치조직과 각종 지역단체, 사회복지협의회, 행정 등과 연대하며 강연과 워크숍을 통한 활동을 시작했다.

또한 2018년부터 나미에정 부흥지원사업의 후쿠오카 거점 운영을 이어받아 후쿠시마현 외 피난민 생활재건 지원거점으로서 지금은 오키나와를 제외한 규슈 7개 현을 담당하고 있다.

---

73) https://www.tunagite-oomuta.org/ (역주)

쓰나기te오무타 설립 후 3년이 지난 여름, 오무타시에 호우가 덮쳤다. 시 전체 면적의 26%가 침수되고 2,800세대 이재민이 발생했다.

행정의 요청으로 시 사회복지 협의회에 재해 자원봉사 센터를 설치하고 피해 주민의 생활재건을 지원하는 '오무타시 지역지원센터'를 열었다.

나는 센터장을 맡아 도호쿠 지원 경험을 살려 활동했다. 우선 이재민 집부터 방문했다. 설립 직후여서 주민들은 센터의 존재를 몰랐다. 방문해도 문조차 열어주지 않는 경우가 많아서 항상 지역 민생위원과 지원센터의 생활지원원이 동행했다.

피해상황 등 무거운 이야기보다는 그저 안부를 묻는 정도의 소소한 대화를 했다. 그러면 이내 "사실은…"이라고 하며 곤란한 점들을 말해주었다. 재해가 아니라도 그 전부터 겪던 애로사항에 대한 이야기도 나왔다. 재해 발생 후에 채용한 생활지원원은 재해 지원이나 복지 지원 경험이 없는 초보자였지만 나미에 부흥지원원 경험으로 이미 그런 상황은 익숙했다.

지원원 모두 배우고 성장할 수 있는 기회를 만들고 수시로 지원했다. 지원원도 피해자 한 명 한 명을 차례로 만나면서 사례 회의에서 정보를 공유하고 적절하게 전문조직으로 연결하며 피해자의 생활이 안정될 때까지 함께 했다.

개인 지원뿐만 아니라 지역도 지원했다. 코로나와 호우 피해를 입은 지역이 활력을 되찾도록 살롱을 열도록 지원했다. 대표자의 고령화로 피해 전부터 활동이 정체된 살롱과 피해로 쓸 수 없는 살롱을 사회복지협의회와 많은 자원봉사의 협력으로 재건했다. 살롱에서는 웃음꽃이 피고 새로운 젊은 일꾼도 생겼다.

또한 모든 시민들에게 피해를 제대로 알리기 위해 피해자의 도움으로 '기억의 기록'이라는 기록지를 만들었다. 계속 지원 받기만 하던 피해자가 시민에게 대비의 중요성을 전하면서 뭔가 분위기도 전환될 수 있을 것 같아서 시작한 것이었다. 지원원이 취재하는 방식은 나미에 마음 프로젝트 방식과 같다.

지원기관이 광역 연대의 중요성을 느낄 즈음에 여러 곳에서 힘을 모아 쓰나기te오무타 설립 발기인이 되어 2021년 3월, '피해 지원 후쿠오카 광역 네트워크'를 설립했다. 이제까지 축적한 네트워크를 조직화하여 일상의 대비와 재해시의 지원활동 환경 향상을 목표로 한 기관이다.

쓰나기te오무타는 다른 NPO만큼 조직적인 지원을 하기는 어려운, 상주하는 직원도 없는 작은 단체여서 중간지원조직이라고 하기도 부끄럽다. 그러나 이전의 단체 때부터의 경험을 기반으로 지역에 다가가며 지역 사람을 키우는 지속가능한 지역사회 활동을 계속할 것이다.

9장
광역형 중간지원 기능 전개와 그 가능성

다카다 아쓰시(高田篤)

2011년 발생한 동일본 대지진과 후쿠시마 제1원전 사고 때문에 후쿠시마 나미에정 전체가 경계 구역(원전에서 20킬로미터 이내) 및 계획적 피난 구역(사고 후 1년간 누적 방사선량 20미리시버트(mSv)의 위험 예상 지역)으로 지정되었다.

모든 주민이 피난을 떠났다.

2017년 오염 방제 후, 귀환곤란구역(사고 후 5년 이상, 연간 누적 방사선량 20미리시버트 아래로 떨어지지 않는 위험 지역) 외 지역(마을 면적의 19.7%)에 피난 지시가 해제되었다. 이어서 2023년 3월, 귀환곤란지역 내 특정부흥재생거점지역(마을 면적의 2.96%)의 피난 지시도 해제되었다.

그러나 마을 전체 약 80% 지역에 피난 지시가 계속되고 있었다. 또한 오랜 기간 피난하면서 피난처에 생활기반을 마련했기 때문에 2023년이 되어도 많은 귀환이 이루어지지 못했다. 당시 주민 약 30%는 후쿠시마 이외의 도도부현에, 약 60%는 나미에정 외 후쿠시마현 내 지역에 각각 거주하고 있다.

이런 상황 속에서 나미에정은 나미에 마음 프로젝트와 나미에정 부흥지원원사업을 전개했다. 나미에 마음 프로젝트 진행기간(2011~2022년) 그리고 부흥지원원사업의 일부 기간(2012~2016년)동안 마을사무소와 전국 각지 중간지원조직은 협동사업을 전개했다. 이것이 이전의 다른 피해지역과 다른 가장 큰 특징이다.

중간지원조직(거점 조직)을 코디네이터하는 중간지원조직(코디네이터 조직)으로서 공익재단법인 도호쿠 활성화센터(2012~2013년)와 일반사단법인 도호쿠 권역 만들기 컨소시엄(2013~2016년)을 실행한 것도 특징적인 사업구조였다.

이 글은 중간지원조직의 기능, 특히 중간지원조직을 코디네이트하는 중간지원조직의 역할에 대해 부흥지원원사업 과정을 중심으로 알아본다.

1. 나미에정 부흥지원원사업 추진회의 중심의 사업 전개

후쿠시마현 외에 피난한 피난민은 모르는 곳으로 뿔뿔이 흩어졌고 아는 사람이 어디로 피난 갔는지도 모르는 상태였다. 커뮤니티는 없어지고 아는 사람도 없는 낯선 곳에 피난하면서 고향의 정보를 모른 채 불안한 피난 생활을 했다.

부흥지원원은 이런 상태의 피난민을 돕기 위해 2012년 야마가타현과 지바현에 처음 배치되었다. 이후 점차적으로 지역을 확장하여 부흥지원원사업이 절정이던 2014년~2015년에는 전국 10개 소에 배치되었다.

나미에정이 고용한 비상근 직원으로서 부흥지원원과 배치처에서 활동하는 중간지원조직(거점 조직)이 함께 지원활동을 전개했다.

부흥지원원의 주된 역할은 피난민의 교류와 연결 기회 제공(사람 연결), 피난민과 나미에정 행정 연결·연락·조정(정보 연결), 피난민의 주체적 커뮤니티 활동 지원(함께 문제해결 참여·장치를 만듦) 등이었다.

〈표 9-1〉 나미에정 부흥지원원 배치 현황과 거점조직

거점	중간지원조직	소재지	지원원 수(명)	설치기간(년)
미야기	일반사단법인 도호쿠지역만들기 컨소시움	센다이시	2~3	2014~2017
야마가타	인정NPO법인 야마가타 공익활동을 지원하는 회·아미루	야마가타시	2~3	2012~2015
이바라키	인정NPO법인 이바라키NPO센터·커먼즈	미토시	4	2014~2017
사이타마	일반사단법인 사이타마현 노동자복지협의회	사이타마시	4	2013~2017
지바	인정NPO법인 지바시민활동·시민사업 서포트 클럽	지바시	3~4	2012~2017
군마	NPO법인 다카자키 어린이극장	다카자키시	2~4	2014~2017
가나가와	인정NPO법인 후지자와시 시민활동추진연락회	후지자와시	2~4	2014~2017
니가타	NPO법인 니가타NPO협회	니가타시	2	2013
시즈오카	NPO법인 타스케아이 엔슈	후쿠로이시	1~2	2014~2015
아이치	공익사단법인 청년해외협력회 중부지부	나고야시	2	2017
교토	일반사단법인 간사이 하마도리교류회	교토시	2	2013~2015
후쿠오카	NPO법인 오무타·와이와이 마을 만들기 네트워크 / NPO법인 쓰나기te오무타(2017년)	오무타시	1~2	2014~2017

부흥지원원은 활동을 계속하면서 피난민의 개별 문제를 발견했고 이들에 대해 좀 더 신중하게 대응할 필요가 있다는 이유로 부흥지원원의 활동내용을 다음 5개로 결정했다.

① 호별 방문으로 상황 파악(치료가 필요한 사람은 전문기관으로 연결)
② 교류회, 살롱 등 개최(피난민 연결)
③ 피난처 지자체·지원 단체 연계(피난처 지역과 피난민 연결)
④ 정보수집과 제공(나미에정 정보를 피난민에게 제공, 피난민의 고민과 문제를 나미에정에 전달)
⑤ 정보 발신(뉴스레터, 블로그, 미디어 취재 대응 등)

부흥지원원은 배치 지역에 피난한 나미에 주민을 고용하는 것이어서 모두 지원활동 초보자였다. 또한 배치 지역의 정보나 네트워크가 없기 때문에 거점조직은 특히 이 부분에 대한 지원을 위해 노력했다.

거점조직의 역할은 부흥지원원 상담, 부흥지원원의 지원 업무 관리 그리고 활동 사무소를 제공하는 것이었다. 사업이 진행되면서 초기에 설정한 이와 같은 역할에 배치처의 지원조직과 지자체, 사회복지협의회 등과 연결, 활동 진행상황 관리와 조언, 부흥지원원 케어 등 직접 지원 역할이 추가되었다.

사업틀과 변화 내용에 대한 매뉴얼은 없었다. 누구도 경험하지 못한 장기적인 지원 과정, 광역에 걸친 피난생활 지원 사업이었다. 많은 시행착오가 발생했기 때문에 기관이나 사람 모두 각자의 문제와 고민을 공유하며 신중히 해결의 실마리를 찾는 작업이 필요했다. 그래서 '나미에정 부흥지원원 추진회의'(이하 추진회의)를 만들었다.

추진회의는 부흥지원원, 거점조직, 행정, 코디네이터 조직, 사업 어드바이저 등 모든 사업 관계자가 참여하는 회의다. 처음에는 사업 관계자 모두 참여하는 전체 회의 중심이었지만 부흥지원원 거점이 증가하고 부흥지원원의 이동성도 증가하면서 신규 거점과 신규 부흥지원원 중심의 회의로 변화했다.

사업 과정에서 다양한 문제들이 발생했다. 따라서 여러 거점이 합동으로 대응할 수 있는 도쿄도 차원의 지원체제 회의와 피난민이 몰려 있는 간토 지역 차원의 회의를 구분하여 진행했다.

〈사진 9-1〉 나미에정 부흥지원원 추진회의

〈표 9-2〉 나미에정 부흥지원원 추진회의 개최 현황

시기	거점수	소재지	일자	개최장소
2012	2	제1회 전체 대회	6월 18일	후쿠시마현 니혼마쓰시
		제2회 전체 대회	8월 9일	후쿠시마현 고리야마시
		제3회 ① 야마가타회의	9월 4일	야마가타현 야마가타시
		제3회 ② 지바회의	9월 24일	지바현 지바시
		제4회 전체 회의	10월 13일	후쿠시마현 후쿠시마시
		지역 시찰조사	11월 14일	후쿠시마현 나미에정
		제5회 전체 회의	12월 10일~11일	지바현 지바시
2013	5	중간지원(계속)대상	4월 9일	미야기현 센다이시
		제1회 지속 거점 대상	5월 20일	미야기현 센다이시
		제2회 지속 거점 대상	7월 10일	사이타마현 사이타마시
		제3회 전체 회의·시찰	9월 14일~15일	후쿠시마현 고리야마시, 나미에정
		제4회 전체 회의	2월 2일	후쿠시마현 후쿠시마시
2014	10	제1회 ① 중간지원(신규)대상	4월 21일, 26일	후쿠시마현 니혼마쓰시
		제1회 ② 지속 거점 대상	5월 11일	후쿠시마현 후쿠시마시
		제2회 전체 회의·시찰	6월 29일	후쿠시마현 후쿠시마시
		신규 지원원 대상	9월 10일	후쿠시마현 니혼마쓰시
		제3회 전체 회의	9월 29일	후쿠시마현 후쿠시마시
		도쿄 도내 대책 회의	11월 11일	사이타마현 사이타마시
		제4회 ① 전체 회의	12월 5일	사이타마현 사이타마시
		제4회 ② 전체 회의	12월 14일	교토부 교토시
		제5회 전체 회의	2월 16일	후쿠시마현 후쿠시마시
2015	10	신규 지원원 대상①	5월 18일~19일	후쿠시마현 니혼마쓰시, 나미에정
		중간지원 대상	5월 29일	도쿄도 주오구
		지원원 대상	5월 30일	후쿠시마현 니혼마쓰시
		도호쿠 블록 회의	6월 1일	야마가타현 야마가타시
		미나미간토 블록 회의	6월 29일	도쿄도 주오구
		신규 지원원 대상②	7월 2일~3일	사이타마현 사이타마시, 후쿠시마현 나미에정
		제1회 전체회의	9월 12일	도쿄도 주오구
		신규 지원원 대상③	11월 26일~27일	후쿠시마현 나미에정, 도쿄도 다이토구
		간토 지역 정보교환회	1월 12일	도쿄도 주오구
		제2회 전체 회의	2월 19일	교토부 교토시
2016	7	중간지원 대상	5월 10일	후쿠시마현 니혼마쓰시
		지원원 대상	6월 14일~15일	후쿠시마현 후쿠시마시, 나미에정
		신규 지원원 대상①	6월 14일~15일	후쿠시마현 후쿠시마시, 나미에정
		신규 지원원 대상②	7월 14일~15일	후쿠시마현 니혼마쓰시, 후쿠시마시
		제1회 전체 회의	7월 15일	후쿠시마현 후쿠시마시
		신규 지원원 대상③	9월 8일	후쿠시마현 니혼마쓰시
		신규 지원원 대상④	10월 14일	후쿠시마현 이와키시, 나미에정
		제2회 전체회의	12월 21일	후쿠시마현 후쿠시마시

이틀간 진행한 추진회의에서는 나미에정의 부흥 진척 상황 및 주민지원제도 변화 보고, 전문가 강연, 부흥지원원의 활동 보고, 그룹 활동, 나미에정 현지 시찰 내용 등 다양한 프로그램이 진행되었다. 다른 지역 사례, 부흥지원원사업의 가치와 특징 등에 대한 특강도 진행되었다(〈표 9-3〉).

〈표 9-3〉 제공 정보 내용

연도		정보제공 및 강의 내용
2012	사례 소개	○ 부흥 마을 만들기 추진원의 활동(미야기현) ○ 미야케지마 섬 피난 학습
2013	사례 소개	○ 복지 서비스를 필요로 하는 주민에게 부흥지원원이 할 수 있는 것
	사업 틀에 대해서	○ 2013년 사업추진체제 ○ 부흥지원원의 역할은 무엇인가(그 시작과 나미에정의 부흥)
	행정의 정보제공	○ 배상 ○ 마을 외 커뮤니티 ○ 부흥 마을 만들기 계획 ○ 쓰나미 피해지의 방향성 ○ 오염 제거
2014	사업 틀에 대해서	○ 호별 방문 기록과 공유 ○ 재해시 대응 매뉴얼 ○ 개인정보 관리
	행정의 정보제공	○ ADR(American Depositary Receipt, 미국예탁증권) ○ 부흥공영주택 ○ 태블릿 단말기 도입과 사용법 ○ 오염 제거 ○ 구역 수정 ○ 후쿠시마현 부흥지원원과의 연대 ○ 나미에정 아동 피난 상황
2015	사업 틀에 대해서	○ 거점 간 연대 활동 ○ 주민 상담 내용 ○ 개인정보 관리
	행정의 정보제공	○ 태블릿 사업에 대해서 ○ 마을의 방범 체계 ○ 상하수도 등 인프라 복구 ○ 오염 제거 진척 상황 ○ 가설 상업시설 정비, 마을 재건사업소 상황 ○ 후쿠시마현의 정보 제공
2016	행정의 정보제공	○ 부흥 마을 만들기 상황 ○ 피난 지시 해제까지 최우선으로 해야 할 과제 ○ 민관간담회에 대해서 ○ 나미에의 역사에 대해서 ○ 나미에정의 이주 상황에 대해서 ○ 귀환에 대한 준비 숙박에 대해서

사업 개시 직후, 행정이 제공한 정보는 주로 마을부흥계획 및 피난민 생활 지원에 관련된 내용들이었다. 예를 들면 피해 배상, 피난처 커뮤니티 형성 지원, 공영주택 제공, 커뮤니케이션 툴로 태블릿 단말기 도입 등이 주요 정보제공 내용이다.

〈표 9-4〉는 시기별 그룹 워크의 주제이다. 초기에는 거점별 지원원의 역할과 활동내용을 주로 검토했다. 그 후 시간이 지나면서 활동과정에서 발견한 과제와 활동부문별 토론이 늘었다. 물론 그 과정에서 지원원의 역할에 대한 수많은 논의가 이루어졌다.

〈표 9-4〉 그룹 워크의 주제

연도	주제
2012	○ 부흥지원원의 활동목적 · 목표 ○ 활동 과제, 애로사항, 개선점 ○ 활동을 통한 인식과 문제점 ○ 사업 돌아보기
2013	○ 당면 활동목표 · 계획 ○ 타지역 사람에게 묻고 싶은 것/각 지역 활동내용 검토 ○ 복지 서비스를 필요로 하는 피난민에게 부흥지원원이 할 수 있는 것
2014	○ 2013년 활동과제와 좋았던 점, 2014년에 시행하고 싶은 것 ○ 부흥지원원의 활동과 중간지원조직의 역할 ○ 2015년 이후 부흥지원원활동의 자세 확립 ○ 주제별 추진 방법 : 자립 지원 자세 / 교류회, 살롱 / 호별 방문 / 정보 발신(통신 · 블로그 등) / 케어가 필요한 사람에 대한 대응 / 주민의 연대 만들기 ○ 거점 간 연대의 필요성과 가능성에 대해서 ○ 후쿠시마현 배치 부흥지원원과의 연대에 대해서
2015	○ 중간지원조직의 역할에 대해서 ○ 부흥지원원이 당혹해 하는 일, 중요하게 여기고 싶은 것 ○ 주제별 시행 방법 : 도쿄 도내의 나미에 주민에 대한 대응 / 후쿠시마현 외 정주자에 대한 지원 자세 / 주민에게 나미에정 부흥 상황을 전달하는 법 / 교류회 개최 기획 / 호별 방문 기록 방법 / 주변 교류회, 소규모 교류회 / 1회 일주 후의 호별 방문 방법 / 자치회 등 주민 주체의 커뮤니티 만들기 / 정주지를 정하지 못하는 사람에 대한 대응 / 부흥지원원 사업 후 확인한 지원의 자세
2016	○ 부흥지원원의 활동 지원시 고민 ○ 부흥지원원 사업이 목표로 해야 할 것 : 주민을 대하는 바람직한 모습은 무엇인가 / 사람들의 연대, 생활 전반 등 지원방식 / 바람직한 자세가 되지 못하는 요인은 무엇인가 / 주민 지원의 목표는 무엇인가

2. 중간지원 조직을 코디네이트 하는 기능

부흥지원원 사업 진행과정은 거점조직을 코디네이트하는 (도호쿠 활성화연구센터, 도호쿠권 지역 만들기 컨소시엄 등과 같은) 조직이 있었기 때문에 유지할 수 있었다.

나미에정이 전국에서 다거점 활동을 하는 조직들을 모두 파악하고 조정하는 것은 불가능했고 현실적이지도 않았다. 자칫하면 거점별 목적과 과제의식 등에 갇혀 행정, 거점 조직, 부흥지원원 간 소통이 어렵고 사업 의미도 변질될 확률이 높기 때문이다.

따라서 나미에정의, 나미에 주민을 위한 종합사업을 실행할 코디네이터가 필요했다. 코디네이터 조직을 중심으로 조언을 받으며 행정과 협의하며 실천하는 과정이 필요했다.

그렇게 하기 위해 추진회의와 각 부흥지원원 거점을 방문하는 것이 중요했다. 코디네이터 조직 담당자가 각 부흥지원원 거점을 정기적으로 방문하여 거점 조직이 개최하는 회의에 참여하여 거점별 진척 상황, 과제, 고민을 듣고 기록하는 활동을 분기별 1회씩 실시했다. 물론 각 거점의 상황은 추진회의에서도 공유되지만 추진회의처럼 너무 오픈된 곳에서는 말하기 힘든 문제도 많았다.

예를 들어 신규 거점, 특히 피난민이 아닌 사람이 부흥지원원으로 배치된 거점에서는 주민과의 관계 구축이 전혀 없는 상태에서 사업을 시작한다. 따라서 이런 거점에서는 선행사업의 지원 내용과 노하우를 공유하고 때에 따라서는 업무 구축 지원 등 때와 장소에 맞는 적절한 대화와 지원이 중요하다.

또한 사업 초기에는 다양한 위험부담 때문에 실천을 주저하기 쉽다. 따라서 자신감 있게 활동할 수 있도록 지원하는 것도 중요하다.

한편, 선행 활동 거점에서는 활동 축적으로 얻은 의견과 과제에 대한 상담이 많았다. 그럴 때에는 추진회의에서 전체가 그 문제들을 공유·의논하고 공통 과제를 가진 품은 거점 간 대화하게 하여 거점별 소통을 원활하게 지원했다.

주민의 질문과 문제점, 건의사항을 거점별로 기록하여 '방문 시 질문·의견 목록'으로 작성하고 분석했다. 그 결과를 전체가 공유하는 장치를 도입하여 자료 기반의 대응방법과 의견 공유를 하도록 지원했다.

때로는 거점 내부에서 고민과 갈등이 발생할 때도 있다. 그럴 때에는 다른 거점이 가진 관점과 지원방법 등을 공유하여 활동가들의 시야가 넓어지도록 지원했다.

개별 방문 횟수와 방문율, 교류회의 횟수 및 참여자 수 등에서 거점별 편차는 다양하게 나타났다. "우리는 이렇게 열심히 하는 데 저쪽은…"이라는 식의 반응도 나타났다. 이런 경우에는 각 거점과 지원 대상자가 처한 상황을 공유하고 차이가 나타나는 이유를 해결하여 공유함으로써 의구심을 풀어 좋은 관계성을 유지·회복할 수 있도록 지원했다.

이렇듯 중간지원조직의 코디네이터 활동에서 중요한 것은 각 거점 조직의 활동 이념과 방향성을 공유하면서도 각 기관이 처한 상황에 적절하게 다양한 지원을 하는 것이다. 또한 코디네이터 조직과 거점 조직이 상하관계가 아닌 수평적 관계를 유지하는 것이 중요하다.

때로는 거점 조직에서 지도와 빠른 해결책 제시를 요구하기도 하지만 그대로 응대할 것이 아니라 다른 거점 사례를 소개하여 여러 가지 방향성에 대한 검토를 반복하면서 함께 생각하며 관계를 형성하고자 했다. 그때 힘이 되었던 것은 사업 어드바이저가 제시한 "답 없는 문제 앞에서는 모두 대등하다"라는 사고방식이었다.

나미에정 지원원사업처럼 특정 지역 과제에 대해 여러 중간지원조직이 광역 차원으로 연대하며 해결하는 장치는 이후에도 더욱 필요한 방식으로 대두되었다. 그렇게 하기 위해서 중간지원조직 간 관계는 상하관계나 정보 교환만을 하는 관계가 아닌 함께 일을 하는 수평적 관계성이 필요하다.

그러나 각각 사업 내용의 정보 교환에만 머무르는 것이 현실이다. 다른 지역의 실천내용을 차분하게 분석하고 '우리 지역이라면 어떻게 전개할까'라는 관점을 가진 중간지원조직은 여전히 발견하기 어렵다.

이러한 현실을 인지하고 서로 자극을 받는 관계성을 구축하기 위해서는 개개의 중간지원조직의 자발성 및 역량 형성이 필요하다. 그리고 중간지원조직을 코디네이트하는 광역 단위의 중간지원 기능도 필요하다. 그것이 이번 나미에정 사업의 교훈이다.

3부
중간지원의 새로운 기능과 전개

지역원탁회의

10장
수단으로서의 원탁회의

요코타 요시히로(橫田能洋)

1. 원탁회의의 목적과 방법

이 글은 중간지원조직 이바라키 NPO센터 코스모스(이하 코스모스)가 지역원탁회의를 개최하게 된 과정을 소개한다.

우선 국가적 차원에서 2008년 이후 지속적으로 내각부는 사회적 책임에 관한 원탁회의를 운영하고자 하였다. 선진국의 동향을 따라 정부, 경제계, 노동계, 소비자 등 사회를 구성하는 각 섹터의 대표가 사회과제에 대해서 토론하고 협동하며 과제 해결을 위해 노력하는 다중 이해당사자(multi-stakeholder) 회의의 중요성을 검토하기 시작했다.[74]

내각부와 각계 대표는 일본에서 첫 원탁회의를 실시하기 위해 오랜

---

74) https://www5.cao.go.jp/npc/sustainability/concept/index.html (역주)

회의를 거듭했고 그 결과 3단 회의체가 만들어졌다.

제일 상위인 1단 회의는 각계 대표자, 정부의 내각총리대신이 출석하는 회의로써 큰 방침을 합의하는 것이고, 2단 회의는 보다 구체적인 공동 행동 및 시책을 합의하는 것이다. 그리고 3단은 상위 2단의 원활한 운영을 위해 의제 설정과 협의방법 등을 의논하는 회의다. 이를 위해 경제계, 노동계, 소비자 단체에 전국 차원으로 제언하는 조직이 있고 그 안에서 각 단의 회의에 참여하는 위원을 선출했다.

NPO/NGO센터에 전국 차원의 조직은 있었지만 그 조직이 전국 시민단체를 대표하는 것은 아니었다. 이에 환경, 국제 등 각 분야 등을 포함하고 사회적 책임 있는 전국 단위의 네트워크를 설립하여 NPO/NGO센터 회의 참가자의 모체를 만들었다.

이렇게 거대한 형태로 사회적 책임에 관한 원탁회의가 수년간 시행착오를 거듭하며 운영되었다. 그것은 기존의 심의회 형식의 회의와는 크게 다른 것이었다.

사무국이 만든 형식적 회의라고 해도 그 회의에서 결정한 정책이 과제해결을 위해 충분한 효과를 발휘한다면 폐해는 적다. 예를 들어 학교, 공원 등 공적인 설비가 없으니 만들겠다는 정책을 정하면 시설 부족 문제는 해결되는 것이다.

그러나 현대 사회의 문제나 생활 문제는 시설을 만들거나 상담 창구를 만드는 것만으로는 해결되기 어려운 복잡한 구조적 문제이다. 또한 행정은 세수 부족과 사회보장비 증대 등으로 인해 신규 정책을 펼칠 재정적 여유가 없다.

즉 이제까지는 행정에 권한과 책임이 집중되었고 행정이 사회 문제 해결의 주체였지만 사회문제의 질적 양적 변화와 행정의 재원 부족 때문에 행정의 해결능력이 약해졌다. 거기에 주민, 시민단체, 지역의 사업소에 과제해결에 관한 책임의 일부를 맡기려는 형국이다.

그러나 행정 이외의 민간 주체에 책임을 맡기려면 행정이 일방적으로 계획과 규칙을 제시해서는 안된다. 그래서 다중 이해당사자 회의가 대안으로 떠올랐고 그 수단으로서 원탁회의가 필요하게 된 것이다.

이상이 내가 생각하는 원탁회의의 도입 배경이다. 원탁회의는 참여하는 각 주체가 사회 문제를 협의하는 당사자라는 인식을 바탕으로 범위, 내용, 규칙 등을 협의하는 것이다.

회의에서는 문제 해결을 위해 각 섹터마다 공헌하고자 하는 내용을 적극적으로 발언하고 동원할 수 있는 자원을 제시하며 공동 해결을 도모한다.

그리고 그 합의에 대해 참여자(단체)는 책임감 있게 실제로 실천하는 과정이 원탁회의다. 형식적 회의로 의견만 말하는 방식과는 참여의 깊이가 매우 다르다.

말로는 이념형으로써 원탁회의를 표현할 수 있지만 실제 운영과정에서는 여러 어려움들이 발생한다.

첫째, 각 섹터의 대표 선출 과정의 투명성과 대표성이다. 회의과정에서 섹터간 합의하기 위해 사전에 섹터 내부의 동의를 받아야 하는 상황도 발생한다.

각 섹터의 담당 범위가 정해진 후에 원탁회의에서 논의가 진행되는 것이 수순이지만 조직마다 합의 방법이 다르기 때문에 뭔가를 결정하기 위해서는 상당한 시간과 에너지가 필요하다.

예를 들어 문제와 섹터의 대안에 대해 NPO/NGO섹터에서 의견을 모을 경우에는 민주적으로 결정해야 하다. 또한 사회문제에 대해서 새로운 약속을 하고자 할 경우에 섹터에 따라 부담이 커질 수도 있다. 즉 이해에 관련된 합의는 더욱 신중하게 해야 한다.

각 섹터 내에서의 문제 파악 방법, 부담과 이익의 차이, 합의 형성 방식의 차이 등은 섹터간 합의의 장애물이 될 수 있다.

합의하려면 각 섹터의 구체적 역할과 목표가 제시되어야 하지만 현실에서는 애매하게 나타나는 경우가 많다. 그래서 중앙정부 단위의 원탁회의는 이런 어려움 때문에 각 섹터의 참여 의욕이 저하되어 개최가 어려운 것이 현실이다.

2. 지역원탁회의의 모체 형성

앞서 제시한 이유로 중앙정부 단위의 원탁회의 진행은 어려운 상황이었다. 그러나 어떤 원탁회의 관계자가 지역 차원에서는 원탁회의가 가능할 수도 있다는 의견을 제시했다.

나는 3단 원탁회의 운영 실무자 회의에 NPO/NGO섹터 멤버로 참여하며 활동하던 중에 이바라키현의 지역원탁회의 개최 가능성에 대한 제안을 받았다.

그 제안을 수용한 이유는 두 가지다. 하나는 지역에서도 다양한 주체가 연대하여 문제해결을 검토·합의·실천하는 방식을 해보고 싶었고, 다른 하나는 이바라키현에 회의 운영을 맡아 줄 것 같은 섹터 네트워크가 이미 있었기 때문이다.

커먼즈는 1998년 법인 설립부터 연 1회 이바라키 NPO포럼을 실행위원 형식으로 운영했다. 그 멤버로는 커먼즈 외에 지역 신문사, 현 외곽조직, 생협, 경영자협회 등이 있었다.

매 회마다 기조강연, 사례 발표, 패널 토크 등을 공동 개최했고 2006년 년 1회 계발 이벤트도 개최했다. 뿐만 아니라 보다 실천적인 일을 하고 싶다는 참여자 의견도 많았다.

그런 의견을 전격 수용하여 포럼실행위원회로서 '사회적 책임을 생각하는 SR 네트(Social Responsibility Network) 이바라키'라는 유연한 네크워크를 만들었다.

이 네트워크의 목적은 사회공헌에 기여하고 싶은 각 섹터가 다른 섹터와 연대하는 것을 지원하는 것이다. 2010년 여름 SR네트는 전국 최초 지역원탁회의 개최를 도모하였다.

3. 시행착오적 운영 방식

그러나 지역원탁회의 개최를 위해 넘어야 할 3개의 큰 장애물이 있었다. 첫째, 회의 운영방법에 관한 합의 형성 방식, 둘째, 협의 주제와 협의 참여자 선정 방식, 셋째, 원탁회의에서의 논의를 실천으로 이끄는 방식이었다.

회의 운영방식은 중앙정부의 원탁회의처럼 각 섹터의 대표가 참여하여 대표의 합의를 이루는 이상적인 방식이 현실적으로 가능한가가 핵심이다. 행정은 담당 업무 외엔 사실상 발언할 게 없고 그나마 책임지고 말할 수 있는 것은 도지사나 현지사 정도이므로 지역의 밀도 있는 논의를 하기에는 한계가 있었다.

대표의 정당성과 섹터 간 합의라는 이상형을 추구한다면 많은 시간과 노력이 필요한 상황이었다. 연내에 실행하는 것도 불가능했다. 그래서 이번에는 섹터의 대표성과 섹터 간 합의에 집착하지 않기로 했다.

SR네트(사무국)가 행정, 기업, 노동조합, 생협, NPO에서 사회문제에 관심 있고, 의욕 있는 사람을 추천하여 협의 멤버로 선택했다. 다양한 입장과 생각을 가진 이들을 폭넓게 수용한 것이다.

다음은 회의에서 솔직한 발언과 토론을 이끌어내는 방식에 대해 고민했다. 그 결과 멤버가 합의한다면 개인적 견해를 발언할 수 있고 발언 내용에 대해 책임 추궁을 하지 않기로 결정했다. 일반시민도 있는데 공무원이 발언하면 마치 공식적인 견해처럼 평가되어 책임 추궁을 당할 수 있다. 그런 상황을 막기 위해 누구나 솔직하게 말할 수 있다고 정했다.

이렇게 하면 부담 없이 발언할 수는 있지만 아무나 즉흥적으로 발언하게 되는 위험부담도 있다. 그러나 일단 처음 시도하는 것이기 때문에 발언하기 쉬운 회의방식으로 진행하기로 결정했다. 단, 될 수 있는 한 구체적 내용의 발언이 나오면 좋으므로 좋은 아이디어를 제시할 것 같은 사람을 우선 인선했다.

이처럼 회의의 기본틀을 결정하는 과정 그 자체도 의미 있는 과정이었다.

4. 회의의 논의를 구체적 실천으로 연결

다음은 협의 주제 선정방식이다. 핵심은 각 섹터의 사람이 스스로 문제의 당사자로 느낄 수 있는 주제여야 하고, 다수가 참여할 수 있는 주제여야 한다는 것이다.

하나의 섹터뿐만 아니라 여러 개의 섹터가 각기 역할을 담당하고 협력하여 구체적으로 실천할 수 있는 주제를 우선 선택했다. 그 다음으로는 섹터의 문제해결이 필요한 주제, 그 다음은 이미 시행하고 있는 사업 규모를 확대하거나 섹터간 연대가 가능한 주제를 선정하기로 했다.

그래서 선정한 첫 번째 주제는 '지역 주민과 기업이 NPO를 선택하여 기부하기 쉽게 만드는 방법은 무엇인가'였다. NPO는 자금 부족에 시달리고, 시민과 기업은 어디에 기부해야 좋은지 정보가 부족하기 때문에 이 문제를 해결하고자 한 것이다.

논의 결과, '커먼즈 이바라키 미래기금'이라는 기부 중개 장치를 만들 수 있었다. 기금 운영은 원탁회의 참여 단체가 담당하였다.

푸드 뱅크 설립 사례도 있다. 생협이 제안한 이 주제는 생협의 거래처 농가가 시장에 내놓을 수 없는 채소 처리를 고민한다는 아이디어에 착안한 것이다. SR네트는 다른 지역의 성공사례를 함께 견학하는 '푸드 뱅크 이바라키'를 설립했다.

폐교와 유휴시설 활용 사례는 시설 유지관리비 때문에 시작된 사업이다. 논의 결과, NPO와 기업이 유효하게 활용할 수 있고 싼 가격에 이용하게 하자는 의견이 나와서 문제가 해결되었다.

이처럼 행정과 기업이 지혜를 모으려고 노력하며 함께 모여 의견을 냈다. 즉, 지역원탁회의는 주민이 비판하는 회의가 아니라 의견을 모으고 지역의 협력자를 만드는 방식인 것이다.

5. 지역원탁회의는 기획과 비슷하다

물론 지역원탁회의에서만 과제해결을 위한 공동사업을 모색할 수 있는 것은 아니다. 그러나 지역원탁회의는 '안심하며 기부처를 선택할 수 있는 장치가 있으면 좋겠다', '식품의 손실을 줄이는 식품 기부 장치가 필요하다'는 식의 의견과 그 해결책을 많은 사람이 공유하며 해결을 위한 의지를 북돋는 장이다.

신규 사업을 하자고 건의하면 위험요소만 말하는 경우도 있고, 담당자, 장소, 자금 충당 방안만 고민하는 경우가 많다. 사업 진행을 위해 꼭 필요한 의견들이긴 하지만 그런 이야기에만 치중하면 논의가 자유롭게 진행되기 어렵고 신중론에만 멈추기 쉽다.

그래서 지역원탁회의에서는 최대한 긍정적인 논의를 하고 다른 기회를 마련하여 실천하면 된다. 지역원탁회의에서는 평소에 말 없는 멤버들이 의견을 제시함으로써 화학 반응이 나타난다는게 묘미라는 의견들이 많다. 그게 바로 지역원탁회의의 장점인 것이다.

예를 들어 사람, 물건 등 자원이 부족하다면 사람이 많은 조직이 자원봉사를 해줄 수도 있고 운송업을 주로 하는 업체라면 비는 시간에 무상으로 물건을 배송해주는 등 서로 무리하지 않은 선에서 다양한 기여를 할 수 있다. 이런 의견을 자유롭게 나누는 것이 지역원탁회의이다.

회의의 진행자는 각 조직의 장점과 문제를 미리 파악하는 것이 중요하다. "이런 문제는 그 조직에서 할 수 있지 않을까요"라는 제안을 해보는 것이다. 그렇게 제안받으면 뭔가 해보자는 분위기로 논의가 이어진다. 잘 지어질지 모르는 솥안의 밥을 모두 함께 만들면서 한 솥밥을 먹는 동료라는 희한한 관계성이 생긴다.

상상한 것보다 재미있는 논의가 이루어졌다는 보람을 느끼고 뭐든 해보겠다는 의지가 생기고 그 과정에서 연대감이 생기면 그것이 실천의 원동력이 된다.

지역 차원에서 원탁회의를 하는 것의 이점은 같은 지역에 사는 주민의 관심을 유도하기 쉽다는 것이다. 또한 경제단체, 노동조합, NPO 등이 자주 만나 논의하는 것이어서 누가 어느 정도의 이야기를 할지도 가늠할 수 있다.

지역원탁회의는 무대 만들기와 비슷하다. 무대에서 중요한 것은 스토리(각본)와 배우다. 물론 지역원탁회의에는 줄거리도 없고 발언을 강요하진 않는다. 다만 이 사람이 이 주제에 대해 이야기를 하면 어떤 화학반응이 일어날까, 논의의 강도를 높이면 또 누가 어떤 발언으로 분위기를 띄울까 하고 구상하는 것 자체가 마치 무대 위 공연을 구상하는 것 같은 느낌이다.

6. 지역원탁회의의 효과와 과제

앞서 제시한 과정을 거쳐 2011년 2월 미토(水戶)에서 지역원탁회의를 개최했다. 전국 최초를 내건 회의여서 전국에서도 많이 참여했다.

하지만 최대 효과는 이 회의를 맨처음부터 기획한 SR네트의 동료의식이 강화된 것이다. 회의 개최 한 달 후에 동일본 대지진이 발생했을 때 SR네트 멤버는 메일과 전화만으로 지원활동을 신속히 진행할 수 있었다.

그 후 거의 매해 지역원탁회의를 개최한다. 실행위원회에서 주제를 결정하고 5회 정도 회의를 거쳐 개최한다.

시간도 오래 걸리고 (수익이 발생하지 않으니) 실무 운영비 확보도 어려운 작업이다. 행정의 인사이동이 많은 조직의 경우에는 새로 온 담당자에게 그때까지의 과정을 모두 설명해야 한다. 네트워크 참여 의의를 충분히 공감하지 않으면 참여도가 낮아질 수 있다.

이런 문제를 방지하기 위해서는 교류의 잇점, 논의의 화학작용 체험, 네트워크 확대 등 성공체험을 많이 하게 지원해야 한다. 모두 함께 만들자고 모처럼 모여도 공동의식이 없으면 문제 발굴조차 어렵기 마련이다.

그래서 사무국은 지역 과제와 전국의 동향을 계속 모니터링하면서 지역 단체의 공통 관심사와 초청자, 전문가를 기획한다. 회의 개최만 목적으로 하기보다는 그때그때 적합한 지역 문제를 발굴하여 재미있게 이야기를 나누고 해결책을 제시하는 기획을 한다.

행정 회의는 수직적으로 이루어지지만 원탁회의는 복지와 주택, 다문화와 방재 등 여러 분야의 행정을 연결할 수 있다.

11장
지역원탁회의
오키나와식 지역원탁회의의 운영과 전개

미야지 기이치(宮道喜一)

1. NPO법인 마치나카연구소 와쿠와쿠의 사업 전개

NPO법인 마치나카 연구소 와쿠와쿠는 오키나와현 나하시 쓰보야에 있는 중간지원조직이다. 2004년 네 명이 모여 '모든 사람들이 스스로 살아가는 마을을 생각하고 만들 수 있는 시민사회 실현'을 목표로 설립했다. '모두 함께 결정하고 모두 함께 만드는 사회 만들기의 조력자'를 캐치프레이즈로 활동을 시작하여 2005년 2월 NPO법인이 되었다.

마을 만들기 NPO로서 지역 정보지 '미~큐큐'를 발행하고 나하의 마치구아(나하의 국제거리)에서 직장 체험 코디네이터, 초등학교 통폐합에 관한 주민활동 지원, 공원 등 공공시설 정비를 위한 주민 참가형 워크숍 기획, 퍼실리테이터 양성 등 주민 주도적 마을 만들기 사업을 실시했다.

2008년부터 3년간 나하시 NPO활동지원센터의 지정관리업무를 하고, 2011년~2017년은 이토만시(糸満市) 시민활동 지원센터 운영업무를 담당하는 등 NPO활동 지원사업도 꾸준히 하고 있다.

주로 마을 일꾼 육성사업부, 삶의 환경 만들기 사업부, 조사연구 사업부 등 3개 부문의 사업을 전개해왔는데 최근에는 지역복지 영역의 지역만들기 사업이 추가되기도 했다. NPO활동 지원 부문은 시민이 사회과제와 마주하고 기부와 자원봉사 활동을 통해 사회과제 해결 과정에 참가하는 장치로 NPO를 파악하여 지원해왔다.

그 속에서 생활 권역에서의 에어리어형 지역 커뮤니티 지원과 시민의식을 가진 사람들에 의한 테마형 NPO·시민활동 지원, 지역복지적인 과제해결 등을 모색해왔다.

2. 오키나와식 원탁회의의 개요와 실천

오키나와식 지역원탁회의란?

오키나와식 지역원탁회의는 2010년부터 오카나의 시민 커뮤니티 재단인 공익재단법인 미래펀드 오키나와와 함께 개발했다.

사회과제의 해결을 목표로 사업 만들기와 자금 등 자원을 조달하기 전에 "우리 마을에는 이런 과제가 있다"는 소통이 먼저 필요하다고 판단했다. 문제를 확실히 공유하면서 시작하지 않으면 사업 개발이나 자원 조달도 힘들다는 가설에 기반하여 '지역 문제를 사회과제로써 공유하는 법'을 개발했다.

〈사진 11-1〉 이신미(石嶺) 초등학교 지역원탁회의(2023년 2월 4일)

〈사진 11-2〉 소그룹 토론 '서브섹션'(2023년 2월 4일)

행정은 물론 NPO 등 시민단체, 자치회, 기업, 조합 등 지역 문제 해결에 참여하는 사람과 조직은 다양하다. 그러나 대부분의 문제를 개인이나 단체 하나로 해결은 어렵다.

오키나와식 지역원탁회의는 지역의 다양한 일꾼이 문제를 공유하고 아이디어와 네트워크를 제시하면서 협력하여 해결을 도모하는 장이다. 해결보다는 문제에 대한 정보 공유와 의사소통을 중심으로 진행한다.

5개 부문 프로그램

오키나와식 원탁회의는 중앙에 센터 멤버라고 불리는 다양한 입장의 참여자(5~7명 정도)가 앉아 있고 사회자는 정보를 제공하고 기록자가 현장에서 기록하는 방식으로 진행한다.

5개 부문으로 나눠 모든 부문이 끝날 때까지 2시간 40분~3시간이 걸린다. 각 부문의 역할은 다음과 같다.

① 논점 제공

논점 제공자가 다루고 싶은 주제를 공유한다.

② 섹션 1

논점 제공에서 제시된 주제에 대해 센터 멤버가 사실·관점·평가·사례로 구분하여 정보를 제공한다.

③ 서브섹션

센터 멤버가 여러 곳으로 흩어져 3~4명이 소그룹으로 나눠진 일반 참여자와 토론한다. 서브섹션이 끝나면 소그룹에서 전체에게 논의 내용을 발표한다.

④ 섹션 2

센터 멤버가 원탁으로 돌아와 회의를 재개한다. 서브섹션에서 나온 아이디어와 의견을 참고하여 그중에 의견을 심화하고 싶은 것과 과제 해결의 방향성을 논의한다.

⑤ 정리

마지막으로 기록자가 모조지에 기록한 내용을 기초로 회의 흐름을 총정리한다. 이 기록이 회의의 성과다. 참여자는 이 기록을 가지고 돌아가서 앞으로의 실천으로 연결한다.

〈사진 11-3〉 이신미 초등학교 지역원탁회의 '정리' (2023년 2월 4일)

지역 커뮤니티형 지역원탁회의

2011년 2월 제1회 원탁회의 후 2023년 10월까지 134회 원탁회의를 개최했다. 주로 다룬 주제는 상업 활성화, 교육, 방재, 어린이 빈곤, 문화 계승, 이주·정주, 환경보호, 스포츠 진흥, 마을 만들기, 공공교통, 복지 등이다. 그 중에서도 자치회와 초등학교 구역 마을 만들기 협의회 등 지역 커뮤니티를 주제로 하는 원탁회의도 개최했다.

지역 커뮤니티형 지역원탁회의 사례

○ 시기 : 2015.1.10.
○ 제목 : 지역 자치를 생각하는 지역원탁회의@糸満市
○ 장소 : 오오자토(大里)·가데시가(嘉手志川)
○ 주제 : 지역 내외 사람이 가데시가를 편하게 오가는 법

○ 시기 : 2015.7.31.
○ 제목 : 마을 만들기를 생각하는 지역원탁회의@나하시
○ 장소 : 나하시 구모지(久茂地) 초등학교(폐교)
○ 주제 : 구모지 초등학교 폐교 부지에 1,600명 규모의 시민회관이 생기면 지역은 어떻게 바뀔까?

○ 시기 : 2016.8.31.
○ 제목 : 마치구아의 화장실 문제를 생각하는 지역원탁회의@나하시
○ 장소 : 나하시
○ 주제 : 마치구아 화장실의 최적화 모색하기

○ 시기 2022.7.9.
○ 제목 : 슈리 지역의 '오데카케(お出かけ, 외출)'에 관한 삶과 교통을 생각하는 지역원탁회의
○ 장소 : 슈리 지역
○ 주제 : 슈리성 복원까지 4년, 이후 슈리 지역에서 예상되는 교통과 주민 이동 문제 고민하기

○ 시기 : 2023.2.4.
○ 제목 : 이신미초등학교 구역 지역원탁회의@나하시
○ 장소 : 이신미공민관
○ 주제 : 이신미초등학교 구역의 고령자 고립 문제와 커뮤니티 자세 생각하기

지역 커뮤니티를 주제로 할 경우에는 구체적인 구역 내 과제에 얽힌 이해관계자를 파악하기 쉬운 것이 장점인 반면 너무 가까운 사이여서 감정적인 대화가 오갈 수도 있다.

따라서 지역 커뮤니티형 지역원탁회의에서는 문제에 대한 사실 공유를 신중하게 하여 이후에 더 공고한 연대와 협동이 이루어지도록 주의해야 한다.

이신미 초등학교 구역 지역원탁회의 사례[75]

○ 주제 : 이신미 초등학교 구역의 고령자 고립 문제과 커뮤니티 자세 생각하기
○ 일시 : 2023년 2월 4일(토) 14:30-17:10
○ 장소 : 나하시 이신미공민관 2층 홀
○ 참여 : 83명
○ 주제 제안자 : 다마나하 요시히데(玉那覇　善秀)　이신미 초등학교 구역 마을만들기협의회장
○ 센터 멤버 : 6명(주제 제안자 포함)
- 스에요시 히사코(末吉ヒサ子) 슈리이신미 하이츠 자치회장
- 도바루 지카(桃原千佳) 나하시 지역포괄지원센터 이신미 센터장
- 노하라 유키(野原祐樹) 나하시 사회복지협의회 지역복지과
- 사쿠라이 쓰네야(櫻井常矢) 다카자키 경제대학 지역정책학부 교수
- 미야모토 사토시(宮元聡志)　이치후지 주식회사 대표
○ 사회자
- 다이라 도세이(平良斗星) 공익재단법인 미래펀드 오키나와 부대표
○ 기록자
미야지 기이치(宮道喜一) NPO법인 마치나카연구소 와쿠와쿠 부대표
○ 프로그램
14:30 지역원탁회의 안내
14:40 주제 설명
14:55 섹션1(센터 멤버의 정보제공)
15:55 서브섹션(3~4명 그룹 토론)

---

75) 나하시 마을 만들기 협동추진과. 2023.3. '콜라보 챌린지'(나하 협동뉴스 페이퍼). 제5호. 일부 수정

16:25 섹션2 (센터 멤버와 토론)
16:55 정리
17:10 종료

○ 배경
이신미 초등학교 구역 마을 만들기 협의회(이하 이신미 마치협)는 2011년 설립되었다. '모두 함께 만드는 활기찬 이신미'를 슬로건으로 방재 학습회와 청소 활동, 금융기관에서의 건강 체크 등 지역 활동을 한다.
나하시 사업의 일환으로 이신미 마치협 멤버와 함께 보다 많은 지역 주민과 지역의 미래를 생각하는 기회로써 원탁회의를 기획했다.
○ 사전 준비
원탁회의의 주제를 정하기 위해서 우선 지역 특성을 확인하고 다음과 같은 지역 문제를 도출했다.
- 자치회가 없는 지역이 있다.
- 면허반납에 따른 장보기·통원치료 곤란 등 고령자의 생활 고민이 늘고 있다.
- 고령부부세대와 독거노인이 늘고 고령자 고립이 확대되고 있다.
- 살롱과 미니데이서비스 등 고령자 커뮤니티가 몇 개 있다.
- 고령자가 서로 만나 교류하면 안전망을 만들 수 있을 것이다.
이런 문제의식을 바탕으로 '이신미 초등학교 구역에서 고령자 고립 문제와 커뮤니티의 존재를 생각하기' 원탁회의를 개최했다.
문제제기자는 이신미 마치협의회장으로 정했고 센터 멤버들은 자치회, 지역포괄지원센터, 사회복지협의회, 기업(부동산업), 대학교수에게 의뢰했다.
○ 회의 당일
이신미 내외에서 83명이 참여했다. 이신미마치협회장이 지역 현황과 문제 제기를 설명하고 회의를 시작했다.
센터 멤버들은 지역의 고령화율, 요양 인정자 수 등을 제시하며 고령자를 돌보는 지역돌봄대 활동과 장보기 지원, 뜻있는 시민에 의한 커뮤니티(라디오 체조, 미니데이살롱) 등을 소개했다. 그 과정에서 파출소장과의 정보교환, 은행창구와의 연대, 전문직이 해야 할 역할 등에 대한 의견도 제시되었다.
이 외에도 '지역에서는 안부, 인사가 기본이다', '교류를 원치 않는 사람에게 커뮤니티가 접근할 필요성'에 대한 토론이 진행되었다.
총정리를 해보니 '지역사업에 대해 지역 내에서의 평가도 중요하다', '자치회의 각 팀이 새로운 자원을 활용하며 능동적으로 활동할 필요가 있다'는 의견으로 수렴되었다.
○ 회의를 끝내고 다음의 실천 모색
원탁회의 개최로 3개 효과를 확인했다.
① 지역에서 현재 진행되는 일을 알게 됨으로써 참여 의지가 형성되었다. 회의를 마치고 서로 명함을 교환하는 등 교류가 이루어졌다.
　 참여자 의견조사에서는 '지역의 상태, 강점, 과제를 다시 한 번 이해할 수 있었다. 스스로 뭔가 하고 싶다'는 의견도 나왔다.

②새로운 만남이 이루어지고 다양한 사람들의 연대가 생겼다. 이제까지 지역의 고령자 문제와는 전혀 접점이 없던 부동산업자가 복지관계자와 만나는 등 새로운 연대가 생겼다.
③이신미 마치협의 다음의 실천 과제가 만들어졌다. 특히 지역 내에서 자치회가 고령자 실태를 좀 더 포괄적으로 파악해야 한다는 과제가 더욱 분명하게 나타났다.
또한 시민들의 커뮤니티를 더욱 활성화하는 것을 다음해의 사업계획에 포함시키기로 결정했다.

3. 나하시의 협동 마을 만들기 검증과 '참여'

나하시의 협동 추진

나하시는 1998년 제3차 통합계획에서 처음으로 '마을 만들기 기초는 시민과의 협동' 원칙을 발표하고 '공익신탁 나하시 NPO활동지원기금(1999년)' 및 '나하시NPO활동 지원센터(2000년)'를 설치했다.

이후 협동대사 위탁, 시민협동대학·대학원의 인재 육성, 초등학교 구역 커뮤니티 모델사업(2010~2015년), 초등학교 구역 커뮤니티 추진 기본방침 수립(2016년) 등 협동 환경을 정비했다.

나하시 지역 커뮤니티와 초등학교 구역 마을 만들기 협의회

2023년 5월 기준, 나하시의 자치회 가입률은 14.9%로 매우 낮은 수준이다. 전쟁 후 미군의 토지 접수로 커뮤니티가 단절되었고 지역 내외에서 주민 이동이 많이 이루어지는 등 많은 이유가 있다.

나하시는 2010년부터 '학교 구역 마을 만들기 협의회(이하 구역 마치

〈그림 11-1〉 협동의 길잡이(2022년 2월 나하시 마을 만들기 협동추진과 발행)

협)' 설립·지원 사업을 실시했다. 그 결과 시내 36개 초등학교 구역 중 15개 구역까지 설립을 완료했다.

초등학교 구역 마을 만들기 협의회의 정의

초등학교 구역 마을 만들기 협의회는 초등학교 구역을 기본 범위로 하고 학교 구역 내에서 활동하는 자치회, 학부모회 및 지역에서 활동하는 개인·기업·사무소 등 지역 주민으로 구성된 단체다.
각각의 목적과 활동을 존중하고 대화하며 연대·협력하면서 합의하여 지역 과제해결을 위해 노력하는 자주적 조직이다.

초등학교 구역 마을 만들기 협의회의 '협동'과 '참여'

나하시는 20여 년간 '협동으로 마을 만들기'를 추진했지만 협동, 참여 개념이 좀 더 확실하게 제시되어야 한다는 필요성이 제기되었다.

이에 2021년 코로나 대응 마을 만들기 협동력업(UP)사업(NPO법인 마치나카 연구소 와쿠와쿠에 위탁)에서 사쿠라이 쓰네야 교수(이 책의 편저자)를 초빙하여 '협동의 길잡이 : 모두의 힘으로 보다 좋은 삶을 살기 위하여'(이하, 협동의 길잡이)를 작성하여 '협동'을 재정의했다.

'협동의 길잡이' 작성에는 초등학교 구역 내에서 활동하는 개인·단체·사업자 등이 구성한 학교구역 마치협도 참여했다. 또한 이 보고서에서는 공통 목적을 실행하기 위한 수단으로 협동을 설정하고 과정으로써 협동의 중요성을 강조했다(〈그림 11-2〉 참조).

〈그림 11-2〉 협동과정

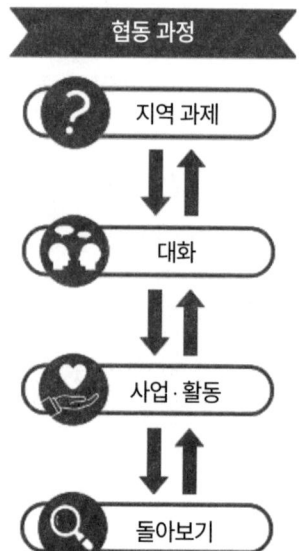

학교구역 마치협은 협동과정을 추진하면서 주민과 단체의 참여 기회를 만들고 다양한 주체의 협동을 도모했다. 여기에서 주민 참여는 지역 문제 해결 과정에 참여하는 것과 자유롭게 대화하며 의견을 밝히는 것을 의미한다.

또한 학교구역 마치협은 지역 문제해결 과정에서 자치회와 기존 단체가 해결하지 못한 것을 보완하며 수평적 연대를 만들어 구역 내외의 단체나 행정과 협동을 진행했다.

초등학교 구역 마을 만들기 협의회의 지역원탁회의

이신미 초등학교 구역 지역원탁회의 활동처럼 지역원탁회의는 생활의 고민을 해소하고 공유하여 과제의 당사자성을 높이는 '참여' 기능과 '협동'하여 과제를 해결하기 위해 필요한 자원(사람·단체)을 발견하고 연결한다.

NPO 지원에서 거리 지원으로

12장
지역 인재 육성과 중간지원 네트워크

데쓰카 아케미(手塚明美)

2001년 12월 15일, 후지사와시 시민활동추진센터가 입주하는 민간 건물 앞에서 개소식이 열렸다. 이 행사에는 후지사와 시민활동 추진위원회장, 당시 호세이대학교수 야마오카 요시노리(山田義典)와 야마모토 가쓰오(山本捷雄) 시장이 참석했다.

1. 시민 참여 중심 중간지원 장치 만들기

1981년부터 후지사와시는 시민 참여 중심 시정 촉진을 위해 시내 13개 지구에서 시장, 부시장, 관계부장, 시민위원이 참여한 '지구시민집회'를 매해 개최했다.

이 집회는 1996년 시민제안 지원 회의 '삶·마을 만들기 회의'가 되어

2023년 현재에도 지역 과제 파악 및 해결을 위한 '향토 만들기 추진회의' 형식으로 각 지구에서 개최된다.

또한 1996년부터 20년 동안 '시민전자회의실'을 운영하며 시민과 공무원의 대등한 논의의 장을 만들었다. 이렇듯 후지사와시는 공생적 자치를 유지하며 시민의 자주적 활동의 법인화를 비교적 일찍 이루었다.

'자원봉사 원년'이라 불린 1995년 한신·아와지 대지진 부흥 지원과 1998년 NPO법 제정 등 자원봉사활동으로 촉발된 사회공헌을 위한 시민의 자주적 비영리활동의 중요성이 사회적으로 주목받던 때도 이무렵이었다.

후지사와시는 2001년~2010년 기본 계획에 시민 중심 마을 만들기 지원정책을 포함하기 위한 검토를 시작했다. 2000년 시민활동단체 실태조사를 실시하고 시민전자회의에서 의견을 청취했다.

동시에 후지사와시 시민활동추진검토위원회를 설치했고 2001년 조례검토위원회와 지원센터 개설 위원회를 설치하여 구체적인 방안을 검토했다.

행정의 움직임과 별개로 1996년부터 활동을 시작한 후지사와시 시민운동추진연락회(현: 후지사와 시민활동 추진기구)는 1998년 비영리 활동단체 운영에 대한 학습회를 실시하며 조사연구를 했다. 이어서 2000년 12월 '시민활동 지원 포럼 Part 1'을 개최했다.

이어서 개최된 'Part 2', 'Part 3'는 행정 주최 개설위원회의 보고회 형식으로 개최되었고 'Part 4'는 시민 주도로 개최되었다. 이미 후지사와 통합계획 2020 기본 계획에 '지원조직은 공립민영'으로 한다고 규정했기 때문에 이러한 포럼에 대한 관심도는 매우 높았다.

후지사와시는 공립민영 구현을 위해 기획 공모를 시작했다. 2개 단체가 지원하여 서류심사, 공개 발표, 공개심사 심의를 거쳐 특정비영리활동법인 후지사와시 시민활동 추진연락회의 기획이 선정되었다.

이 단체는 후지사와역 근처 건물의 2층 공간을 위탁운영하기로 되었는데 이 시설은 최초의 위탁운영시설로서 이후의 후지사와시 시민활동 시작의 거점이 되었다.

개관 후 21년이 지난 지금도 다행스럽게 같은 법인이 관리운영을 하고 있다. 법인의 강점인 지역 활동의 실천에 더하여 후지사와다운 특색 있는 기획을 하며 진화하고 있다.

2023년 현재, 후지사와시 시민활동 추진시설은 추진센터와 플라자 무쓰아이 2개소이다. 매일 100여 명의 시민이 이용한다. 설립 당시에 시내 사무소가 있는 특정비영리활동법인은 10개소에 불과했지만 2023년 9월 말까지 221개 법인으로 늘었다.

추진센터 개설 초기에는 타섹터와 협동하기 위한 상담자로서 '협동 코디네이터'가 없었지만 이후에 이 기능을 더했다. 분관인 플라자 무쓰아이에는 록카이 지구 인재센터가 상주하며 더욱 폭넓은 상담을 진행한다.

운영단체 '후지사와 시민활동추진기구'의 정회원은 설립 당시부터 지금까지 20명이다. 비상근 포함 유급 직원은 25명으로 사업 규모에 맞춰 규모가 커지고 있다. 시민활동조직 지원을 통한 마을 만들기 단체로서 자주 사업을 꾸준히 확대한다.

농수산업과 구직자를 연결하는 '농복지 연대사업', '수복지 연대사업'을 실시하고 인재도 육성한다. 또한 시민 축제, 메타버스 이벤트 등 시민이 즐길 수 있는 사업도 지원한다.

이 글에서는 활동가의 아이디어를 활용한 몇 가지 특징 있는 기획을 소개한다.

2. 시민활동 참여 창구 : 서포트 클럽

우리 단체는 공모 당시 위탁업무 지원서에 '시민의 힘을 모으는 장치 구축'을 목적으로 제시했다. 이미 사회복지협의회가 운영하는 자원봉사센터가 있어서 자원봉사를 희망하는 시민을 지원하는 상태였다.

또한 시민집회, 삶·마을 만들기 회의, 시민전자회의실 등이 있어 시민이 자주적으로 사회공헌 활동을 전개하고 있었다. 그런 환경 속에서 법인은 '서포트 클럽' 역할을 강조하는 지원서를 제출했다.

개설 후 6개월간 방문 시민을 조사하여 이미 적극적으로 활동하는 시민을 주요 타깃으로 설정하고 등록을 개시했다.

2001년 7월 발행한 회지 '뉴스 레터(NEWS LETTER)'에는 '다양한 시민 활동 지원 및 시민 활동의 저변 확대를 목표로 폭넓게 개인과 단체의 힘을 결집하는 장치로서 '서포트 클럽'을 설립했다'고 나와 있다.

등록자가 늘었고 서포트 클럽 멤버에 의한 학습회와 교류회도 개최되는 등 일정 정도 성과가 나타났다. 자원봉사를 해본 적이 없는 시민들

〈사진 12-1〉 2021년 서포트 교류회

의 상담이 늘어 자원봉사 희망 인재뱅크까지 만들어야 하는 상황이 되었다.

다만, 이미 센터에 100개 이상 단체가 등록되어 있고 만남의 기회는 얼마든지 있다고 생각하여 센터 내에서 활동하는 것이 보다 효과적이라고 판단했다. 우선 서포트 클럽 등록에 집중했다.

서포트 클럽에 연간 20명이 등록했고 그 중에는 기존 단체 활동 시민도 있었다. 여전히 센터의 활동이 마음에 들어 지금도 변함 없이 활동하는 분들도 많다.

현재 서포트 클럽 멤버는 100명 이상이다. 월 1회 회보 발송 준비, 연수 개최 지원, 폐기 서류 파쇄 작업, 보존자료 스캔 등 사무 작업을 하고 IT 서포트 클럽 멤버는 주1회 IT 상담회와 IT 관계 세미나 개최 등 다방면에서 활약한다.

2011년부터 전문직은 '어드바이저 멤버'로 등록했다. 변호사, 세무사, 변리사, 사법서사, 행정서사, 각종 디자이너, IT 계통 자격증 소지자 등 20명이 활동한다. 'NPO를 지원하는 16명의 전문가' 그룹은 전문상담도 진행한다.

3. 젊은 층의 지역 참여 기회 만들기 : 학생 인턴 프로그램

학생들에 대한 시민 활동 안내사업은 2010년부터 시작했다.

첫 번째는 자원봉사 응원 매거진 '볼런티어스(VOLUNTEERS)' 발행이다. 고등학생이 기획하고 편집하여 2011년 4월 시내 중고교에 2만 부를 배포했고 지금도 발행하고 있다.

두 번째는 NPO미혼이치 개최다. '볼런티어스' 배포처인 시내 중학교와 주변 현립고등학교에 가서 출장이벤트로 NPO를 소개했다. 등록단체 가운데 중학생 대상 워크숍이 가능한 10~15개 단체를 선발하여 팀을 편성하고 각 학교 체육관에서 이벤트를 개최했다. 학생들은 스탬프 랠리 방식으로 학교를 돌며 이벤트를 체험했다.

간단한 NPO 안내, 자원봉사 연수 등 체험을 하고 나면 설문조사도 실시했다. 좀 더 젊은 층에게 다가가고 NPO의 활동성과도 알리고자 하는 행사였다.

같은 시기에 문부과학성은 '통합적 학습 시간'을 운영했는데 이 시간의 운영방식을 고민하던 교사의 제안으로 이 이벤트를 실시하게 되었다. 중간에 잠시 코로나 때문에 중단했지만 2023년부터 다시 각 학교의 신청을 받아 진행한다.

이 2개 사업 경험에 기반하여 2014년부터 도요타 재단 지원으로 '젊은이×NPO인턴십 사업'을 시작했고 2023년 사업 10주년이 되었다.

활동단체 지역공헌 활동을 최대한 빨리 젊은 세대에게 알려 마을 만들기를 하는 시민의 존재를 체감하게 하고자 했다. 그 과정에서 사회적 감성을 배양하여 인생 100세 시대에 경제적 활동뿐만 아니라 사회적 활동도 보람찬 삶의 방식이라는 것을 알리고자 하였다.

6개월에 걸친 NPO인턴십 프로그램은 대학생 중심으로 시작했지만 2018년부터 고교생으로 대상을 넓혔는데 지금도 호응이 꽤 높은 편이다.

이 프로그램은 단순한 인턴 경험 뿐만 아니라 동기생이나 지원하는 선배들과 6개월간 관계를 형성하며 상호 협력하고 성장하는 것이 목적이다. 이를 위해 합숙, 보고회, 연차보고서 작성, 정보 제공회 등을 실시한다.

처음에는 인턴에게 격려금을, 인턴을 받는 시민활동조직에는 접수금 지원을 상정했지만 독자적인 재원이 감소하여 지금은 인턴 활동 장려금만 지원한다.

4. 지역 지원조직 네트워크 만들기 : 연결고리 만들기

일본NPO센터 통계자료에 의하면 2023년 전국에 363개 시민활동지원시설이 있고 그 가운데 13%인 48개가 가나가와현에 있다.

그러나 기초지자체의 개별예산으로 설립되었고 운영형태도 제각각이어서 시설간 연대가 원활한 편은 아니다.

공립공영 가나가와현민 활동 서포트 센터가 NPO에 대한 지원을 시행하고 NPO법인을 승인하는 NPO협동추진과가 1년에 한 번 정도 정보 교류회를 개최하는 수준 정도이다. 또한 각 시정촌의 민영화 시설은 지정관리자제도에 의해 위탁 계약 형태라서 중간지원조직의 역량 축적과 연대가 어려운 구조이다.

자료의 대부분을 PC로 작성하지만 대부분 단체에서 개인 PC를 사용하는 것이 현실이다. 개인정보보호조례 때문에 단체 소유의 PC가 있어야 하지만 그 정도의 예산을 가진 단체는 거의 없다.

그래서 재활용컴퓨터 기증사업을 실시하는 'NPO법인 이파쓰'와 협정을 맺고 '후지사와 이파쓰 재활용 컴퓨터 기증 프로그램'을 시작했다. 2014년에는 주변 지자체들도 참여하여 '가나가와 아파쓰 재활용 컴퓨터 기증 프로그램'으로 명칭을 바꿔 12개 지원조직과 협력하여 사업을 시행한다.

신청부터 기증까지 6개월 이상 걸리는 공동작업을 시행하며 각지의 지원조직의 실정과 고민 등도 공유하고 그만큼 시정촌간의 거리감도 줄어들었다. 2017년을 기점으로 사업은 종료되었지만 당시 연락했던 조직과 지금도 원활하게 연락하며 협력관계를 유지한다.

사업이 종료된 2017년 중간지원조직의 지원대상인 시민활동조직은 조직 규모, 다뤄야 할 주제, 지역성이라는 과제에 더하여 다양하고 더욱 심각해지는 사회 과제에 직면해 있었다.

그리하여 우리 법인은 네트워크 만들기의 새로운 연결점을 모색하기 시작했다. 조직의 기반 강화가 최우선으로 필요하다고 판단했다.

조직활동의 성과 평가방식은 다양하지만 조직 입장에서 외부 평가를 수용하기는 사실상 쉽지 않다. 따라서 조직 내에서의 자기 진단이 훨씬 효과적이라고 생각하여 4단계를 거쳐 평가할 수 있는 17개 성과지표를 만들었다(아래 도표 참조).

〈그림 12-1〉 17개 자기진단 지표

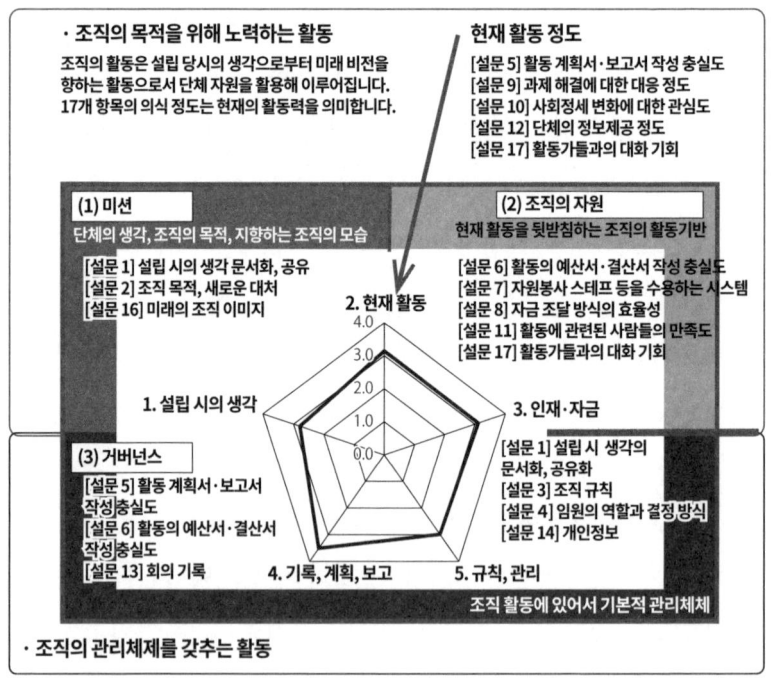

1단계 : 전체 조직 구성원이 17개 문항 체크(소요시간 15분 정도)
2단계 : 결과를 집계하고 입력. 즉시 자동으로 진단 결과 생성
3단계 : 진단 결과에 제시된 조직의 과제를 구성원들이 공유
4단계 : 이후의 대책을 조직에서 검토하고 실행

이 과정에서 외부 지원이 필요할 때에는 '가나가와 이파쓰 재활용 컴퓨터 기증 프로그램'의 경험을 살려서 가까운 중간지원시설과 조직에 상담할 수 있도록 하면서 유연한 네트워크의 재구축을 꾀했다.

이 방식은 코로나 이전 2018~2019년에 개발하여 지금까지 50여 개 이상 지역단체가 사용하고 있다. 현에서는 이 평가를 위해 '기금21 성장지원제도'를 통해 지원한다.

평가 과정에서 발생한 문제들을 여러 단체와 공유하고 토론하며 각 지원시설의 특징과 고민을 분담한 것도 큰 성과이다. 연 1회 정보교환회에서는 동료의식을 느낄 수 있었다. 이처럼 유연한 네트워크 형성을 통해 지역단체의 성장을 돕고자 한다.

13장 마을의 중간지원

NPO 지원에서 마을 지원으로

이시하라 다쓰야(石原達也)

　NPO법인 오카야마NPO센터, NPO법인 모두의 마을 연구소, PS세토나이주식회사. 모두 내가 대표를 맡은 중간지원조직이다. 또한 일반사단법인 기타나가세(北長瀬) 에어리어매니지먼트에서 마을 만들기 사업을 전개하며 넓은 의미의 중간지원조직 역할도 한다.

　내가 관여하는 SDGs네트워크 오카야마, 재해지원 네트워크 오카야마 등을 중간지원조직이라고 부르는 사람도 있다.

　이처럼 중간지원조직의 범위는 너무나 다양하다. 이 분야의 일을 20여 년간 해오면서 늘 중간지원의 의미를 고민했다. 이 글은 그러한 고민의 일부다.

1. 중간지원은 어디에서 시작했는가

NPO법이 시행된 지 20년이 지났다. 많은 선배들의 활동으로 자원봉사와 자선활동 같은 시민의 활동에도 공식적으로 이름이 붙게 되었고 NPO에 대한 일반인의 이해도 높아진 상황이다. 당연히 NPO는 그 이전에도 있었고 다만 그저 시민활동이나 자선사업이라고 불렸을 뿐이다.

중간지원도 마찬가지다. 그렇게 부르기 전부터 중간지원 기능은 존재했다. 예를 들어 사극의 주인공은 칼싸움만 하는 것이 아니라 백성들과 무사의 고민을 듣고 그것을 해결하는 사람을 찾곤 했다.

때로는 설득하는 역할도 맡았으니 이런 모든 활동이 지금으로 치면 중간지원 기능일 것이다. 내가 좋아하는 예전의 탐정 드라마나 영화에서도 주인공은 탐정 일도 하지만 약자를 대변하는 지원 활동도 했다.

메이지 시대[76] 자선사업가인 이시이 주지(石井十次)에 대한 사회사업가 오하라 마고사부로(大原孫三朗)의 지원도 지금으로 치면 자금 지원이나 경영 지원을 하는 중간지원 역할이라고 볼 수 있다.

즉 다양한 사람이 모여 사는 마을에는 당사자들만으로는 해결하기 어려운 문제가 많기 때문에 해결할 수 있는 사람을 찾아 연결하는 역할이 필요하기 마련이다.

지금도 민관 협력의 장치로써 사회 성과 기금(SIB, Social Impact Bond)이나 재생에너지 보급, 마을 만들기, 복지 등 다양한 부문에 중간지원이

---

76) 메이지 시대는 1868~1912년 근대화 시대를 의미한다. (역주)

요구된다.

그런 맥락에서 이제까지 20여 년 이상 진행된 중간지원의 NPO 지원활동은 중요한 주제이다. 다만 NPO가 늘고, 지역조직에 지원이 필요한 현상 등은 모두 일정한 사회 변화 속에 진행된다는 것을 유념할 필요가 있다.

지금 일본 사회는 인구 감소, 기술 발전, 세계정세 변화 및 해외와의 교류 확대 환경 속에서 문화와 인권의식이 형성되고 있다. 사회 시스템 보완을 위한 시민 중심의 NPO가 늘고 그 역할의 중요성도 커지고 있다.

한편 인구 구조 및 라이프 스타일 변화로 주거지와 직장이 먼 경우도 많아서 마을 만들기 활동가가 감소하고 지역의 일꾼도 줄어들고 민간 경제의 악화 등으로 여러모로 어려운 상황이다.

마을을 사람이라고 비유하면 수많은 상처와 병에 걸린 상황이기 때문에 이를 치료, 예방, 회복하는 '자연 치유력을 갖춘 상태'로 만들 필요가 있다. 그래서 오카야마 NPO센터의 목적은 '자연 치유력이 높은 마을'이다.

2. 자연 치유력이 높은 마을을 목표로 하는 중간지원

자연 치유력이 높다는 것은 무슨 의미일까.

많은 사회문제는 인간이 만든 것이기 때문에 인간의 의식, 행동, 장치가 달라지면 해결될 수 있는 것도 많다. 즉 현재의 '보통' 상태를 바꾸는 것이다.

물론 바꿀 수 있는 것은 당사자이다. 회사에서는 대표와 직원, 학교에서는 교육위원회, 교사, 학생, 지역 커뮤니티에서는 마을회의 간부와 회원이 될 것이다.

이렇게 마을의 구성원이 당사자 의식을 가지고 '마을의 당사자 늘리기'를 하는 것이 자연 치유력이 높은 마을이다. 또한 이런 지역은 '지속 가능한 지역'이며 '누구도 배제되지 않는 사회'를 실현한다(〈그림 13-1〉 참조).

오카야마NPO센터에는 NPO의 내실화 및 강화를 담당하는 'NPO사무지원센터'가 있다. 여기에서는 NPO 설립, 경영, 세미나 개최, 재무 등

〈그림 13-1〉 마을 지원의 가치 구조

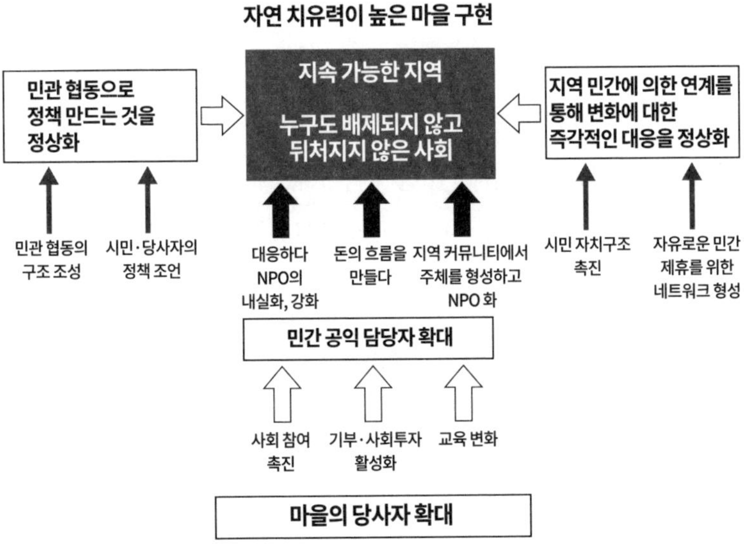

자연 치유력이 높은 마을 구현

| 민관 협동으로 정책 만드는 것을 정상화 | → | 지속 가능한 지역 누구도 배제되지 않고 뒤처지지 않은 사회 | ← | 지역 민간에 의한 연계를 통해 변화에 대한 즉각적인 대응을 정상화 |

↑ ↑ ↑ ↑ ↑ ↑ ↑

민관 협동의 구조 조성 | 시민·당사자의 정책 조언 | 대응하다 NPO의 내실화, 강화 | 돈의 흐름을 만들다 | 지역 커뮤니티에서 주체를 형성하고 NPO화 | 시민 자치구조 촉진 | 자유로운 민간 제휴를 위한 네트워크 형성

민간 공익 담당자 확대

⇑ ⇑ ⇑

사회 참여 촉진 | 기부·사회투자 활성화 | 교육 변화

마을의 당사자 확대

백오피스 지원과 세무사와 노무사 등의 NPO를 잘 이해하는 전문가와 교류 기회를 제공한다. 또한 NPO법인 사무 검정시험을 개발하고 실시한다.

센터내 설치된 '지역연대센터'는 자유로운 민간 제휴를 위한 네트워크를 만들고, 시민·당사자의 정책 제언 수렴, 그리고 민관협동 장치를 담당한다. 협동조례나 추진계획 등을 만들고 민관이나 민민 협동사업 과정을 관리하며 다양한 네트워크 형성한다.

그 가운데 재해 지원 네트워크 오카야마는 서일본 호우 재해 지원을 계기로 설립되었다. 지금은 지원과정을 디지털화하며 물자 지원과 정보제공 시스템 개발도 한다.

SDGs 네트워크 오카야마는 주된 정책제안 활동으로서 기후변동대책에 관한 시민제안, 기업과의 민관협동, 고등학생 학습 등을 주력 사업으로 추진한다.

'참여추진센터'는 사회 참여 촉진, 교육 변화, 기부·사회투자 확산 사업을 추진하며, 대학생 등의 NPO 인턴십, 자원봉사 모집 지원 및 매칭 프로그램도 실시한다. 아울러 10년 이상 고교생 자원봉사 어워드를 진행하고, 신문사와 협력하여 어린이 지원을 위한 '코도모 기금(어린이 기금)'을 설립하여 기부 촉진사업도 수행한다.

지역연대센터와 연대하여 코다(Coda, Children of Deaf Adults의 약자. 청각장애부모의 자녀)를 위해 영 케어, 적응장애 등 다양한 당사자의 이야기를 듣는 '요루카이(よる会)' 활동도 한다.

모두의 마을연구소는 지역 커뮤니티의 주체 형성과 NPO(과제해결 조직)화를 위해 행정 및 학교와 연대하여 지역조직에 특화된 지원을 한다.

지역조직 활동은 농촌과 낙도에서도 진행되지만 도시의 중심부에서 진행되는 경우에는 상점이나 거점 기업과 협동하여 지역 관리(에어리어 매니지먼트)도 추진한다.

우리 조직도 역세권에서 에어리어 매니지먼트를 추진하기 위해 일반사단법인 기타나가세 에어리어 매니지먼트 및 상업시설 개발을 위한 야마토리스주식회사를 설립했다. 이 기관들은 웰빙 마을 만들기를 목표로 주민 이벤트와 활동 지원, 정보지 만들기, 공원 활동 지원 등을 한다.

그 외에 기부 중개를 위해 2012년 오카야마 NPO센터가 모체가 되어 시민 530명의 기부를 기본 재산으로 시민 커뮤니티 재단인 공익재단법인 모두 함께 만드는 재단 오카야마 설립에도 관여했다.

또한 사회적 투자 촉진을 위해 2018년 PS세토나이주식회사를 설립하고 오카야마시의 SIB 사업의 중간지원 역할을 담당했다. 이 두 조직은 새로운 돈의 흐름, 지역 내에서의 자금 순환을 위해 설립한 것이다.

커뮤니티 재단이라는 개념의 발상지는 미국이지만 일본에서도 지역 기부와 사회적 투자 등 세금 외의 새로운 자금 흐름을 형성하는 것이 중요하다.

2009년 이후 광역 권역을 지원 대상으로 시민 기부 재단이 설립되고 있지만 최근에는 시정촌 권역과 뉴타운 등 보다 생활지역 범위에서 시민 커뮤니티 재단 설립이 느는 것도 특징이다.

이들 조직은 마을에 필요한 기능을 제공하기 위해 설립되고 있다. 다양한 법인 형태로 가장 적합한 조직형태를 선택한다. 특히 마을의 당사자를 늘릴 수 있는 지역조직의 임파워먼트 지원과 당사자의 정책제안을 중시한다.

3. 당사자 행동 지원(1): 지역조직의 임파워먼트 지원

　사회 전역에서 진행되는 인구 감소와 인구 구성 변화 그리고 라이프 스타일 변화에 따라 농촌지역, 산간지역, 낙도 등을 중심으로 이제까지와는 다른 삶의 방식 모색이 중요해졌다.
　소비자가 없으니 상업 발전이 어렵고, 공공교통이나 마트 등이 철수하여 병원에 가기 어렵고 장보기 힘든 고령자들이 늘고 있다.
　농경지에서 농업으로 유지되던 삶의 형태도 인근 도시로 출퇴근하는 맞벌이 부부가 느는 형태로 변했다. 이전까지 이어져오던 농업용수 유지 등 공동 작업에 대한 참여의식이 낮아지고 개인 위주의 프라이버시 의식이 커지면서 지역조직 참여도 줄어드는 상황이다. 이제까지는 축제 등의 행사 개최가 주요 역할을 했지만 행사를 운영할 사람이 없어서 위기인 상황이다.
　이에 초등학교 학군이나 광범위한 단위를 기반으로 조직을 만들어 과제를 해결하고자 하는 지역운영조직(RMO)을 중심으로 소규모 다기능 자치가 형성되고 있다. 그래서 모두의 마을연구소는 RMO 설립과 소규모 다기능 자치 실천 지원을 중심으로 활동을 전개한다.
　지역의 문제는 서로 깊게 연관되어 있다. 그러나 지방의 행정은 여전히 농림과, 주택과, 토목과, 위기관리과, 복지과, 교통과 등으로 구분되어 있다. 따라서 이런 수직 구조를 넘어선 수평 연대가 필요하다.

우리 조직은 이런 문제의식을 바탕으로 행정 연대, 지역 조직 연대, 개별 지역 지원 중심의 3개 분야를 지원한다. 여러 부서가 참여하는 지자체 연대회의 운영 지원, 지원의 근거로서 조례와 가이드라인 등 정책 지원, 지역 조직 대표자 회의와 사업 공유 기회 등 기획운영, 그리고 개별 지역의 조직과 사업 만들기를 지원하는 것이다.

이 과정에서 지역 조직에서 주체가 되는 사람들이 처음부터 과제해결 의지가 있는 것이 아니라는 점을 유념할 필요가 있다. 일반적인 NPO는 산림보호, 쓰레기 문제, 은둔형 외톨이 등 특정 사회문제를 해결하고 싶은 집단이지만 지역 조직의 경우는 그렇게 명확한 목표가 제시되지 않는 경우도 있다

반드시 문제해결을 목표로 하는 것도 아니고 누가 담당하는가도 명확하지 않다. 따라서 지역의 공통 과제에 대한 인식, 선택, 의식변화 등이 요구된다.

모두의 마을연구소는 이러한 필요성에 기반하여 4단계로 지원한다.

1단계는 모든 주민을 대상으로 의식조사를 하여 공통의 과제와 우선 과제를 추출한다. 물론 이 단계에서는 모두 심사숙고하여 질문을 만든다.

2단계는 조사 응답자에게 분석결과를 알린다. 결과보고회를 기획하여 평소에 관심 없던 주민들도 참여하도록 한다.

3단계는 결과보고회에서 대화의 장을 만든다. 조사 결과로 나타난 문

제들에 대해 서로 이야기하는 과정에서 해결책이 도출되도록 코디네이터와 퍼실리테이터 역할을 한다.

4단계는 해결하고자 하는 문제를 선택하고 우선 순위를 파악하며 구체적인 실천이 형성되도록 지원한다.

이러한 활동을 하다 보면 누구나 문제의식이 있지만 그것을 커뮤니티 속에서 확인하는 기회가 적은 것뿐이라는 것을 늘 느낀다.

과거의 농촌 문화와 농업 중심의 사회 시스템에서 변화하기 위해서는 이렇게 지역조직의 역할을 재정의하며 당사자의 힘을 끌어내는 기회가 필요하다.

4. 당사자 행동 지원(2): 정책 제안 지원

세계 공통의 SDGs 목표가 확산되고 있고 일본의 SDGs 실천 수준에 대한 평가도 많이 제시되고 있다. 예를 들어 성차별 지수는 매우 낮은 수준이어서 이를 개선하기 위해서는 육아세대나 학생 등 좀 더 직접적인 당사자들을 위한 사회 개선이 절실하다는 식의 의견이 제시된다.

SDGs 네트워크 오카야마도 이런 부분의 지원을 적극적으로 시행한다. 대표적인 것은 육아세대 중심의 정책제안 활동이다.

여성보다 남성이 육아휴직 사용률이 낮은데 그 이유는 직장에서 말하기 어렵기 때문이다. 따라서 부모의 고정된 역할에 의문을 가진 사람, 일과 육아를 양분하는 것이 아니라 모두 함께 육아를 즐기는 방법 등을 고민하는 육아세대를 모아서 '일본 오야바카(바보부모)회·오카야마 대회'를 열었다.

우선 '내 아이가 좋다'는 말을 당당하게 할 수 있는 사회를 목표로 모였다. 육아를 즐겁게 인식하는 사회 변화의 필요성에 대해 자유롭게 이야기하며 바보부모 선언, 바보부모 자랑 사진전, 부모와 자녀가 안심하고 먹을 수 있는 마르셰 등 이벤트를 진행했다.

'바보부모다'라고 서로 말할 수 있는 사회환경 속에서 육아휴직, 육아에 맞춘 근무 조정 등 제도와 인식 변화를 추구하고 유모차 보행이나 어린이 동반자에 대한 의식 변화의 필요성을 공유했다.

또 다른 생활 속의 정책제안 프로젝트로 학생의 권리조약을 디자인한 토트백을 들고 평소 다니는 역 앞을 걷거나 카페에서 대화하는 캠페인을 진행했다. 당사자로서 학생이 학교를 바꾸는 캠페인도 지원했다.

오카야마현의 대부분 고등학교에서는 탐구학습을 도입하고 있다. 오카야마시립 오카야마 고라쿠칸 고등학교 학생들은 '생리(生理)'를 주

〈그림 13-2〉 바보부모 행사

제로 탐구했다. 학생들은 생리의 빈곤이라는 문제를 조사하며 경제적 빈곤뿐만 아니라 생리에 대한 이해와 인식 부족 문제를 발견했고 생리용품 사용에 대해서도 의문을 갖게 되었다.

지금은 학교와 공공화장실에 휴지가 설치되어 무료로 사용하는 것이 당연한 일이지만 과거에는 역 등의 시설에서는 유료로 판매했다. 마찬가지로 생리대도 무료로 설치해야 한다고 파악하여 생리혁명위원회라는 교내 활동을 통해 설치실험을 하고 다양한 정당의 현의원·시의원과의 대화하여 구체적으로 정책제언을 했다.

제언하기에 앞서 실행력을 높이기 위해 크라우드펀딩으로 생리대 구입비를 모으고 온라인으로 서명을 받아 오카야마현 교육위원회와 의회에 진정하여 채택되었다.

이후에도 지역내 고등학교로 확산시키는 활동을 하고 있다. 이 활동에서도 기본 방식은 지역조직 지원 방식과 마찬가지로 조사·전달·대화·활동 순으로 진행했다.

5. 중간지원에 필요한 자질과 기능

이제까지 소개한 것처럼 중간지원조직으로서 활동하기 위해서는 4개의 자질이 필요하다(〈그림 13-3〉).

먼저 자신이 중간지원자로 활동하겠다는 '의식과 각오'가 필요하다. 그리고 지역도 중간지원조직의 필요성에 대해 이해하고 의식할 필요가

<그림 13-3> 중간지원 인재가 갖춰야 할 4개의 자질

중간지원 인력에 필요한 자질과 기능(가설)

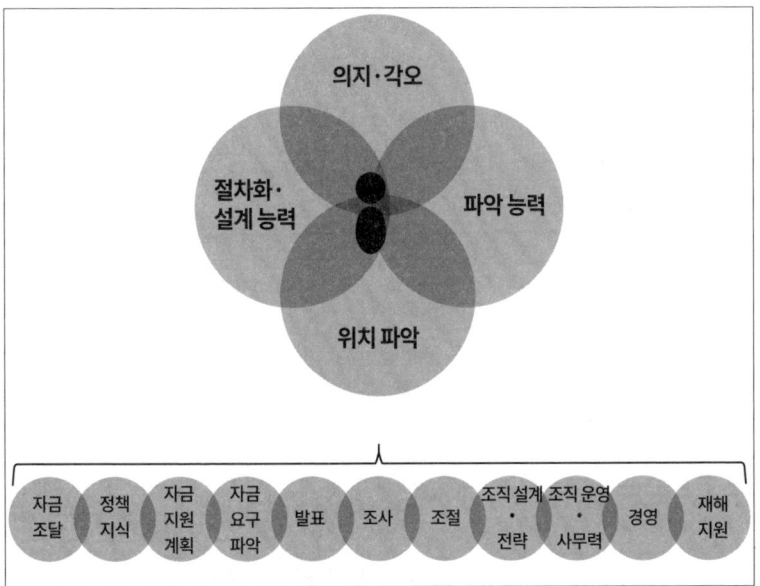

있다. 이 두 개 차원의 의식을 중간지원조직 활동을 위해 중요한 기반이 된다.

그리고 실제로 행동하기 위해서는 '전망'이 필요하다. 앞을 내다보려면 유용한 정보 습득 능력이 필요하다.

다음으로 자신의 위치에 대한 자각이 필요하다.

그리고 마지막으로 '절차화'를 할 수 있어야 한다. 순차적으로 하나씩 실천하지 않으면 현실은 바뀌지 않는다. 이는 실무자가 꼭 갖춰야 하는 자질이다.

우리 조직도 이런 자질을 키우기 위한 활동을 전개한다. 대표적인 사례로는 주부지방의 중간지원 조직으로 구성한 '주고쿠5현 중간지원 조직 연락협의회'의 정기 연수를 들 수 있다.

6. '지역은 앞으로 어떻게 될까'라는 질문에서 도망치지 않기

이제까지 말한 지역운영조직의 지원 등에 직결되는 문제로써 앞으로 우리 사회에서는 인구감소가 심해지고 그에 맞는 사회시스템 구축이 중요 과제로 부상할 것이다.

인구감소가 진행되고 지역 조직이 과제 해결형으로 바뀌면서 문제

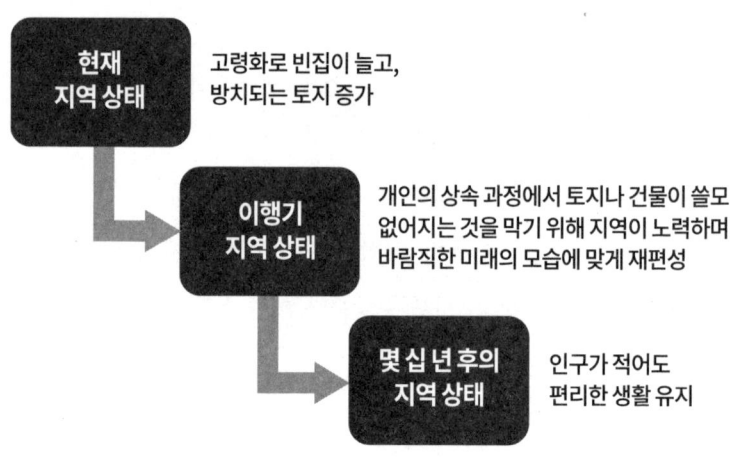

〈그림 13-4〉 마을의 기능 재구축(새로운 도시 계획)과 계획적 축소

내용과 질에 맞춘 대응을 실행해야 할 시점이다.

적은 인구라도 제대로 살 수 있는 기능을 갖추려면 필수 기능을 집약시키고 그곳으로 왕래할 수 있는 교통망을 갖춰야 할 것이다. 이같은 계획적 과소 상황에 맞춰 30년 후를 내다보며 기획, 실천, 그리고 중간지원이 이루어져야 한다.

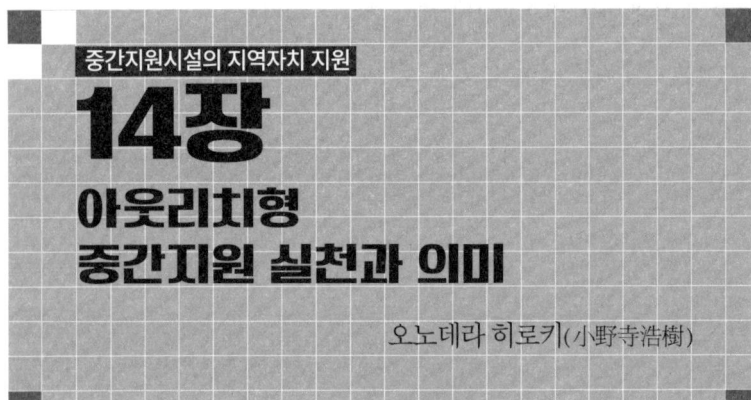

1. 중간지원은 조직? 시설? 기능?

이치노세키 시민활동센터의 시작

이치노세키 시민활동센터는 2005년부터 사업을 시작했다. 당시에는 중간지원을 'NPO를 지원하는 NPO'로 설정하여 NPO법인 센다이·미야기NPO센터와 이 법인이 운영하는 센다이 시민활동 서포터센터의 활동이 주목받던 시기였다. 여기저기서 센다이 모델을 적용하려는 중간지원 활동이 확산되고 있었다.

이와테현도 이같은 중간지원 모델을 표방하며 사업을 시작하여 이치노세키시(一関市)가 합병된 2005년에 센터를 개소했다. 그 이전에는 이와테현 위탁사업으로 NPO법인 레스파이토하우스·핸즈가 위탁하던 곳이었다.

개소 당시에는 센다이 모델의 교훈을 본받아 사업을 만들었다. 그러나 센다이 모델을 따라 해도 당시의 센터 모습은 역 앞 빌딩의 사무실 한 방에서 육아지원단체와 공간을 함께 쓰며 책상 하나와 회의 테이블만 있는 상태였다. 다른 중간지원센터처럼 작업 공간이나 대여공간 등 거점 기능은 갖추고 있지 않았다.

이치노세키시의 NPO들은 스스로 거점을 마련하는 경우가 대부분이었다. 임의단체는 공공시설이 활동 거점을 정비해도 이용할 기회가 없었다. 합병 후에 이치노세키시는 동서로 약 63킬로미터 규모가 확장되어 중간지원조직 하나로는 커버하기 어려운 상태이기도 했다.

원래 지방도시에서는 지원대상이 되는 NPO 자체가 적다. 그 와중에 'NPO 지원시설'을 표방하며 개소했지만 노하우도 없고 자신감도 부족했다. 이제와서 돌아보면 거점 정비를 하지 못한 것은 행운이라고까지 말할 수는 없지만 오히려 거점 시설이 제대로 갖춰지지 못해서 시설에 얽매이지 않고 스스로 움직일 수 있었던 것은 아닌가 하는 생각도 든다.

개소 후 3년 동안 당시 12만 명 규모의 지역에 필요한 중간지원의 역할을 모색했다. NPO 지원을 하고자 했지만 수요도 분명하지 않았기 때문에 생활 기반이 되는 지역 커뮤니티를 만들고자 했다.

2008년 이치노세키시는 '협동 마을 만들기'를 선언했다. 이때부터 시의 위탁을 받아 본격적으로 NPO와 지역 커뮤니티 지원을 시작했다. 시민활동추진사업센터를 개설하며 NPO법인 레스파이토하우스·한즈가 위탁받아 운영하게 된 것이다.

지역 커뮤니티와 NPO는 지역을 지원하는 두 종류의 주체이며 축이다. 목적 활동을 기본으로 하는 NPO 기능만 강화한다고 지역 커뮤니티 기능이 강해지는 것은 아니다. 그러나 지역 커뮤니티 기능을 강화하면 그 안에서 목적 활동이 나타나 NPO 성장에 도움될 수도 있다. 그런 식으로 양자간의 수요를 연결하고자 했다.

지금도 그 방향성은 변함 없이 이어지고 있다. 요즘은 중간지원조직이 지역 커뮤니티를 지원하는게 당연한 것처럼 여겨지기도 하지만 그런 방식에도 유의할 점이 많다는 것을 알 필요도 있다.

필요한 것은 '다가서기'와 '처방전'

그동안 자치회 등 지연조직(地緣)이 담당하던 지역생활 유지 기능과 장치에 한계가 발생했다. 지방창생 분위기 속에서 그런 문제를 보완하기 위해 지역 운영조직(이하 RMO)을 설립하여 RMO가 중간지원의 역할을 하기도 한다.

여기에서 주의하고 싶은 것이 과제 해결이라는 말이다. 한방에 과제를 해결할 수 있는 특효약은 없지만 그래도 그 과정에서 문제발생구조를 분석하며 그것의 해결을 위해 노력하는 것이 지원자의 역할이다. 이는 직접적으로 특효약을 주는 활동은 결코 아니다.

주민 입장에서는 과제 해결이라는 표현을 하는 사람을 훌륭하다고 볼 수 있다. 그러나 누군가로부터 도움만 받는다면 지속성을 확보하기 어려울 것이다.

중요한 것은 자치력의 향상이다. 무언가를 위해서 해주는 것이 아니라 함께 생각하고 함께 궁리하려는 의지를 만드는 것이 중요하다. 따라서 그때그때 상황에 맞게 '보는 지원', '함께 있는 지원' 그리고 퍼실리테이터처럼 개입하는 '직접 지원'을 실행한다.

이런 지원을 시행할 때에는 매번 전력투구하기보다 완급을 조정하면서 과정을 만드는 것이 중요하다. 또한 중간자는 다른 분야와의 연대도 의식하며 연결하여 성과를 낼 수 있어야 한다. 중간자의 인도에 의해 방향성이 정해질 수 있기 때문에 처방법을 신중하게 제시해야 한다.

단순히 사례 소개나 조언하는 것이 아니라 생각의 기회를 제공하고 스스로 결론 내릴 수 있도록 과정을 지원한다. 안건에 따라 연결하는 방법도 사용한다. 지역 내외에 전문 단체와 관계기관이 있으므로 전문가들의 조력으로 보다 높은 성과와 지역의 부담을 줄일 수 있는 방안을 모색해야 한다. 그러기 위해 지원조직은 지역 내와 시내의 단체 등과 커뮤니케이션 하는 관계를 구축해야 한다.

지원할 것은 프로세스. 마주할 것은 현장

마을지원원과 지역부흥협력대 등을 배치하여 지역 만들기를 추진하는 지자체가 많다. 그러나 인원 배치가 능사는 아니다. 이들이 잘 활동하도록 업무를 제시하고 일할 수 있는 환경을 만들어야 한다.

그러면 커뮤니티 지원에 필요한 스킬은 어떤 것일까. 지역 만들기 지원에는 이루 말로 표현하기 어려운 고충이 많다. 컨설팅 같은 방법을 도입했지만 지나치게 감정이입이 되어 지원 기능이 제대로 발휘되지 못할 때도 있다.

처음부터 대상자가 지원을 요구하는 순서로 일이 진행되어야 하는

데 지원하려는 의욕이 넘치는 지원자가 사업을 과하게 추진하며 지원 반복과 부담의 악순환이 나타나기도 한다. 즉, 지원 그 자체가 중요한 것이 아니라 누군가 지원을 바랄 때에 유연하게 대응할 수 있는 마음가짐을 준비하는 것이 더 중요하다.

위탁금, 보조금, 교부금 등을 받아 사업하는 것이 일반적 방식이긴 하지만 사업 실시 전에라도 직면한 문제를 우선 지원하는 것이 더 중요하다. 이를 '협의 지원'이라 부른다.

'사업을 진행하는 것이 적절한가', '주민들은 어떻게 생각할까' 등 사업 시행 전에라도 침착하게 생각하는 과정이다. 이러한 고민을 풀기 위해 주민의 본심을 들으면서 합의 형성을 촉진하며 과정을 지원하는 것이다.

또 하나 중요한 것은 '아웃리치'다. 우리 센터의 거점인 사무실에는 여타 중간지원조직이 갖추고 있는 설비나 기능이 없다. 그러나 거점 정비를 마칠 때까지 오랜 시간이 걸릴 것 같아서 아예 거리로 나가 주민들을 만났다. 그 과정에서 주민들과 이야기하며 지역의 수요를 파악했다. 다행히 직원 수도 늘어 한 명이 1~2개 지역(리 단위 규모)을 담당할 수 있게 되었다.

다만 지역 담당제를 해보니 목적이 더 분명해야 한다는 필요성이 제기되었다. 그래서 지역을 취재하면서 매일 정보지를 발행했고, 발행한 정보지를 주민에게 전달하면서 더 많은 근황과 고민을 수집하는 과정을 반복했다.

이 과정에서 상호관계가 구축되었다. 최근에는 '자유연구'라는 방식으로 '마을의 지역을 남기는 조사'를 실시하며 새로운 만남이 형성되는 등 소통의 범위가 늘고 있다.

NPO를 지원 방법으로서 조직 지원이나 기술 지원에 더하여 커뮤니티 지원 방법으로서 아웃리치 프로세스 지원도 중요하다. 지역에서 NPO와 커뮤니티는 두 개의 바퀴와 같다.

아웃리치 방법으로 현장에 가는 업무를 '정기방문'이라고 부른다. 정보지 발행 시기에 맞춰 매월 20일 이후에 방문한다. 방문에만 집중하고 싶지만 정보지 원고 작성, 행사 정리 등 다른 업무도 있기 때문에 자투리 시간에 방문할 때가 많다. 하지만 이 업무가 가장 중요한 업무라고 생각한다.

반드시 매번 방문해야 하는 곳 외에는 방문 시기나 방법은 담당 지원원이 자유롭게 정한다. 되도록 사전 약속을 통해 사무적으로 방문하기보다는 약속 없이 가볍게 방문하는 편이다. 미리 약속해서 상대가 기다리거나 듣고 싶은 말만 준비하는 상황은 만들지 않으려고 한다. 무엇보다 자유롭게 이야기를 나누는 것이 중요하기 때문이다.

장시간 머물 필요가 없으면 그 다음 장소로 이동하는 형식으로 진행하지만 최대한 방문하기 위해서는 담당자의 숙련된 경험치가 매우 중요하다. 이런 스킬은 당연히 오랜 시간 경험을 마탕으로 축적되는 것이다. 따라서 정해진 매뉴얼은 없다. 다만 신규 담당자가 방문할 때에는 선배 직원이 동행한다.

매월 초에 월 회의를 통해 방문 성과와 지역 상황을 공유한다. 특히 지역상황 공유는 지역에 따라 대응 내용이 다르기 때문에 반드시 공유할 필요가 있다. 그 과정에서 좀 더 효과적인 대응방안에 대해 서로 토론한다.

또한 담당 지역에서 지금까지는 발생하지 않았지만 앞으로 일어날 일을 대비하는 차원에서 담당자의 자질 향상을 위한 학습이나 면밀한 사전 준비도 시행한다.

2. 지역 커뮤니티 지원의 철학

자치회 지원과 RMO 지원의 차이와 공통점

이치노세키시는 합병 후의 새로운 마을 만들기 정책으로써 지역협동체라는 RMO를 설립하여 지금까지 운영하고 있다. 그러나 자치회와 RMO는 모두 주민자치조직이지만 조직의 성격과 추진 내용은 다르다.

자치회는 살기 좋은 지역을 만드는 것을 목적으로 지역친목활동과 안전 유지 등의 활동을 한다. 반면 RMO는 저출생, 고령화, 인구감소대책의 일환으로 만든 조직이다.

지금까지 지역 생활 지원을 담당하던 자치회의 인구 규모가 축소되고 하나의 자치회가 할 수 있는 일의 규모나 성격에 차질이 발생했다. 자치회는 일정 규모의 인구를 확보할 수 있는 마을회관이나 학군 중심으로 활동하기 때문에 인구 규모가 줄어들면 그 기능에도 문제가 발생한다.

물론 자치회와 RMO는 처음에 설정한 목적은 다르지만 안심하고 살 수 있는 지역을 만들고자 하는 목적은 동일하다. 다만 활동내용이 같지 않기 때문에 자칫 잘못하면 같은 지역에 동일한 기능을 하는 이중조직이 설치될 수 있다는 것을 주의해야 한다.

그동안 자치회는 익숙한 조직이었기 때문에 지지하고 응원해왔지만 상대적으로 RMO는 새로운 조직이어서 그에 적합한 운영 지원을 모색하고 있다. 자치회와 달리 RMO는 주민의 이해와 합의, 적절한 장치 만들기와 그 장치의 제대로된 작동이 중요하다.

한편 자치회와 RMO를 효과적으로 지원하려면 주민과의 신뢰관계 구축이 필수이기 때문에 충분한 시간을 들여 관계를 구축하고자 노력한다.

자치회 기능을 보완하는 새로운 자치조직 확립

RMO는 자치회의 대안 조직이 아니라 보완 조직이다. 자치회에서는 관습적 행사를 많이 개최한다. RMO는 지연으로 연결되는 다양한 사람 및 단체가 연대하고 남녀노소 누구나 협력하여 지역문제를 해결하고자 하는 점에서 자치회와 성격이 다르다. 따라서 각종 지역단체의 과제와 생각을 모으며 의논하는 원탁회의라는 협의의 장이 중요하다.

지역에서는 다양한 역할(역할자)이 있고 그에 따라 지역이 유지된다. 그러나 각각의 역할(역할자)과 분야를 넘어선 조직간 커뮤니케이션이 잘 이루어지지 않고 정보 공유도 부족할 때가 많다.

과제와 사업이 조직 내에서만 머물러 있어 함께 의논하지 않는 한 영원히 못만나는 것이다. 각각의 역할을 거슬러 올라가면 행정과 각종 단체(상부조직)에 연결되어 있지만 그러한 수직적 사회 구조가 지역 커뮤니티에서도 그대로 나타난다.

그렇기 때문에 공유의 장으로서 원탁회의가 중요하다. 그러나 RMO는 지역 만들기 계획에 따라 움직이는 경우가 많아서 참여의식 양성이 미흡할 때가 많다. 사업 시행보다 참여 촉진이 절실한 상황이다.

조직도 만들기보다 기능 만들기가 중요

RMO는 조직도에 근거하여 사업을 추진한다. 과연 그 방식이 맞는 방식일까. 자치회에 일꾼이 점점 부족해지는 상황에서 "RMO가 생겨서 할 일이 늘었다"라는 상황이 반복되는 것은 피해야 하지 않을까.

원래 RMO는 원탁회의 같은 조직이며 실천 기능도 갖춘 조직이다. 따라서 무엇보다 RMO는 공유의 장을 만들어 충실한 원탁회의를 실행하며 문제를 발굴하고 공유하며 주민자치의식을 높이도록 노력해야 한다.

역할의 수정

우리 센터도 RMO를 설립하며 "저출생·고령화·인구감소시대에 각종 사업을 통해 가까운 미래에 대비합시다"라고 설명했다. 무엇보다 인구감소에 대비한 조직이 필요했기 때문이다..

RMO를 운영하다보니 지역의 부담이 더 눈에 띄었다. 그런 문제를 곧바로 시정하기는 어렵고 언제 해결해야 하는지도 매우 판단하기 어려웠다.

이럴 때일수록 원점으로 돌아가 다시 생각해봐야 한다. 무엇이든 시작의 계기와 목적이 반드시 있기 때문이다. 시간이 지나면서 목적이 희

미해지고 다른 방향으로 진행되어 간다는 이유 때문에 그저 불필요하다고 쉽게 결론내린 것은 아닌지 생각해볼 필요가 있다. 현재의 수요에 집중해야 하는 것이다.

3. 지역 커뮤니티 지원의 구체적 사례

이치노세키의 RMO 설립 순서와 중간지원의 관계

이치노세키시에서 RMO 설립에 앞서 마을 만들기 추진과, 시민회관, 우리 센터를 구성원으로 추진팀을 구성했다. 2015년 시민회관은 시민센터가 되었다.

추진팀은 매월 1회 회의하면서 지역성을 고려하며 지역 주민에게 효과적으로 접근할 수 있는 전략을 궁리했다. 한편 지역의 핵심 인물들과 소통하고 주민설명회와 학습회를 거듭하며 주민을 이해시키고 합의를 만들었다. 우리 센터는 시의 정책을 알기 쉽게 주민에게 전달하고자 노력했다.

다소 어설프긴 했지만 그래도 단계적 지원을 한 것 같다. 서두르지 않는 RMO 설립을 위해 노력한 것이다. 행정편의주의적인 빠른 시행으로 지역 합의를 놓치는 상황을 지양하고자 했기 때문이다.

따라서 합의가 이루어진 지역부터 설립하기로 하고 설립한 후에는 지정관리 위탁 의지가 강한 지역부터 순차적으로 위탁을 지정했다.

단계 지원과 중간지원의 관계

지역에 따라 다소 차이는 있지만 우리 센터가 RMO 설립과정에서 단계별 관계를 형성한 방법은 다음과 같다.

1단계 　의식 형성기
지역주민 및 조직(자치회·각종 지역단체)의 RMO 설립의 의지, 필요성 이해

2단계 　계획 모색기
RMO 설립 후 주민들이 지역의 구체적인 미래 모습과 실현방식 모색

3단계 　행동 추진기
지역 만들기 계획을 수립하고 구체적인 활동 시행

4단계 　기반 구축기
RMO가 지속가능한 활동을 할 수 있는 체제 구축

지역별 지원 사례

이치노세키시는 지속적으로 RMO 설립을 지원한다. 우리 센터는 설립 지원 단계에는 공통의 이해와 합의 형성에 주력하고 설립 후에는 RMO 성장을 후방에서 지원했다. 이 과정에서 RMO와 함께 하되 RMO의 자립을 방해하는 일이 없도록 주의하고 배려했다.

후방 지원을 하면 구체적인 지원내용이 눈에 띄지 않을 수도 있다. 그러나 그 과정에 대한 인내의 시간이 필요하다. 그래서 우리 센터는 '할 수 있는 것만 지원', '지켜보는 지원'을 원칙으로 준수한다. 두 지역의 RMO 지원 사례를 살펴보자.

〈표 14-1〉 단계적 지원

	의식 형성기	계획 모색기	행동 추진기	기반 구축기
	지역협동체 설립	지역 만들기 계획 수립	사업 전개	시민 센터 지정관리조직 재검토
지원내용	○설립을 위한 팀 회의 ○설립을 위한 연수 기획 및 운영 ○설립 준비회 운영 지원	○설문조사 설계, 집계 지원 ○워크숍 지원 ○지역 만들기 계획 수립 지원	○사업 전개 기획 지원 ○회의 지원 ○운영력 향상 지원 ○새로운 가치 창출 지원	○지정관리 도입 후 사무 지원 ○사무국 지원 ○퍼실리테이터 파견 ○조직 재검토 지원
추진체제	[추진회의명] 팀회의 [구성원] 지자체 마을만들기 추진과, 지소 지역진흥과, 시민센터, 시민활동센터	[추진회의명] 새팀 회의 [구성원] 지역협동체, 지역협동체 사무국, 지자체 마을 만들기 추진과, 지소 지역진흥과, 시민센터, 시민활동센터	[추진회의명] 액션 미팅 [구성원] 지역협동체, 지역협동체 사무국, 시민활동센터, 행정	

사례1 주민의 목소리를 모으는 RMO '가와자키 마을 만들기 협의회'

이치노세키시 가와자키의 가와자키 마을 만들기 협의회는 2011년 2월 설립된 이 지역의 첫 RMO다. 주민회의제를 고려하여 마을 만들기 비전 수립, 과제 발굴 공유 및 자치회와 각종 지역단체에 대한 지원기능에 특화하고 따로 전문부문회의는 구성하지 않기로 했다.

소통 마을 만들기를 목표로 마을의 5개 지역에 마을 만들기 거점을 설치하여 주민의 의견을 수렴하고 토론했다. 자치회, 각종 지역단체, 행정이 분야의 초월하여 의논했고 과제해결의 실마리를 찾고, 의논 결과를 관련 행정과 각종 지역단체 협의회에 제언하여 과제해결 실천으로 연결했다. 마을 만들기 거점 설치 후 8년간 80여 건의 주민의견을 받았다..

마을 만들기 비전 수립을 위해 우리 센터가 퍼실리테이터를 담당했지만 비전 수립 후에는 후방 지원 정도만 진행했다. 이는 '할 수 있는 것만 지원'한 사례라고 볼 수 있다.

▐ 사례2 ▌ 주민의 목소리를 듣기 어려운 RMO '노송미도리 향토협의회'

이치노세키시 하나이즈미정 노송미도리 향토협의회는 2014년 설립되었다. 5개 부문의 단체가 연합하여 구성한 협의체였다. 그러나 설립 후에는 사업만 주로 진행했고 그러다보니 주민의 의견 수렴이 미진했다고 판단하여 2018년 수정 검토회의를 열었다.

이후 2년 정도의 검토기간을 거쳐 과제검토위원회가 마을의 13개 동네를 방문하여 간담회를 개최하고 거기에서 나온 과제를 과제검토위원

〈사진 14-1〉 주민간담회

회에 올렸다.

우리 센터는 협의회 설립 직후에 출장강좌와 일상 업무를 지원했고 그 후에는 옵서버로서 참여하며 '지켜보는 지원'을 하고 있다.

4. 지역자치 지원에서 행정의 역할과 연대 자세

지역 지원에 대한 행정의 역할

이제는 예전처럼 보조금을 받아서 지역에서 뭔가를 진행할 수 있는 시대가 아니다. 게다가 지역 문제는 고구마 줄기처럼 복잡하게 얽히고 설켜 있는 경우가 많아서 작은 지역이 감당하기 어려운 경우가 많다. 복잡한 과제 해결을 위해서는 행정 지원이 필요하고 시간도 오래 걸린다.

사람이 많던 시대에 비해 민간 영역에 틈이 커져서 행정의 부담도 커지고 있다. 그러나 행정이 모든 것을 부담할 수 없으므로 연대와 협력이 절실한 상황이다.

연대와 협력은 가능한 부문과 불가능한 부분으로 나눌 수 있다. 행정 고유의 영역에는 주민이나 중간지원이 개입할 수 없다는 것이 대표적 사례이다. 마찬가지로 지역에도 행정과 중간지원이 개입할 수 없는 절대 영역이 있다.

그러나 실제로는 지역단체 사무국을 행정이 담당하는 등 본래 영역이 아닌 부분을 하는 일도 발생한다. 과거에 사람이 많던 시대에 만든 장치가 혼란을 초래하는 것이다. 이처럼 인구감소에 따라 지역자원이 한

정되고 유효한 활용이 되지 않으면 부담에 부담이 가중될 수 있다는 것을 유념할 필요가 있다.

연대와 협력을 위한 파트너를 찾기 전에 지역과제 해결방식과 방향성을 명확히 하는 것도 중요하다. 특히 소통, 과제와 수요를 파악하는 스킬, 주민과 함께 대화하는 퍼실리테이션 스킬이 필요하다. 또한 지역에 따라 상황과 과제가 다르다는 다양성을 유념해야 한다.

이제까지와는 다른 지역지원의 대표적 사례가 RMO다. RMO를 지원하는 과정에서 우리는 늘 수직 구조의 장애물에 직면했다. 지역에서의 삶이라는 폭넓은 범위를 고려한다면 행정 내부에서의 연대와 협력이 중요하다는 것을 늘 실감한다.

중간지원조직과의 연대

지역 지원을 하는 중간지원과 행정의 연대 과정에서는 양쪽의 역할을 명확히 할 필요가 있다. 대표적인 연대와 협력 방법이 위탁이지만 그저 위탁(맡기는 것)에 그쳐서는 안 된다.

위탁했으니 하게 하고 해야만 한다는 의미에 그쳐서는 안 되고 각자 담당하는 영역이 다르므로 행정과 중간지원 사이의 연대와 협력이 이루어져야 한다.

이치노세키시는 RMO 설립 단계부터 행정의 역할은 시의 정책 수립과 이를 지역에 전달하는 것이라고 분명히 했다. 가령 인사이동에 따라 직원이 바뀌어도 정책 설명은 늘 담당직원이 해왔다. 달리 말하면 이는 위탁기관의 역할이 아니라는 것을 분명히 한 것이다.

그리고 RMO의 일상적인 활동과 사무국 업무는 중간지원기관이 아웃리치 활동을 하여 지원하고 그 과정에서 행정의 개입이 필요할 경우에는 행정과 연결을 강구했다. 실제 현장에서는 이러한 간접적 방법보다 직접 하는 편이 쉬운 방법이지만 그러다보면 지역을 지탱하는 주체의 존재의식이 없어져 중간지원에만 의존하는 상황이 되기 쉽다.

중간지원은 직접적인 플레이어라기보다는 지원자 역할에 충실해야 한다. 또한 지역에는 각종 전문 단체가 존재하기 때문에 이들의 경험을 지원하는 것이 중간지원조직의 역할이다.

따라서 우리 센터는 '할 수 있는 것만 지원' 및 '지켜보는 지원'에 집중한다. 그 과정에서 행정과 만나고 의논한다. 회의를 더 잘 진행하기 위해 2022년에는 예전에 있었던 정기 팀회의도 부활시켜서 운영하고 있다.

정기 팀회의가 부활하면서 RMO와 행정의 거리감이 줄어들었다. 연말에만 나타나는 행정이 아니라 2개월에 한 번 정도 만나서 상황을 공유하고, 서로 질문하고, 중간지원조직에게 요청도 한다.

현대의 지역 지원은 일방적으로 지시하고 맡기는 것이 아니라 지역을 지탱하는 주체의 역할을 명확히 하며 연대와 협력하는 것이다. 지금은 기존 RMO의 기반 구축에 주력하는 상황이지만 앞으로 시간이 좀 더 지나면 RMO의 재편을 논의하는 단계가 올 것이다. 그때에는 설립때보다 더 많은 에너지가 필요할지 모르지만 지역, 행정, 중간지원조직이 연대와 협력하면서 잘 진행할 수 있을 것이다.

4부
지역자치 지원이 만드는 협동형 사회

15장
중간지원 기능의 네트워크화와 발전 가능성

사쿠라이 쓰네야

1. 내셔널 센터의 역할

각지의 중간지원조직은 지역 자치를 지원하는 새로운 역할을 수용하면서, 지역별 상황과 조직 목적에 따라 다양한 지원 기능을 창의적으로 실천한다. 이 과정에서 중간지원조직 간의 연대 또한 중요하다.

이 책에 소개된 중간지원조직들도 광역 단위에서 연대하며, 정기적인 정보 교환, 지원조직 연구, 그리고 지원 인재 육성에 힘쓰고 있다.

주부 지방에서는 NPO법인 오카야마센터를 사무국으로 하는 '주고쿠 5현 중간지원조직 연락협의회'를 운영한다. 이 협의회는 마을 퍼실리테이터 양성 강좌, 휴면예금을 활용한 사업 대응 등 다양한 주제로 합동 연수회를 열고, 경계를 넘어선 프로젝트를 추진하며 사회 문제 해결에 앞장선다. 합동 연수회는 이미 10회 이상 개최되었으며, 매년 중간지원조직 활동가와 공무원 등 100명 이상이 참여한다.

이와테현에서는 2007년부터 지역의 14개 단체가 중간지원조직 네트워크를 구성했다. 각 단체의 규모와 목적은 다양하며, 정기적으로 정보 교환과 중간지원 학습회를 개최한다.

가나가와현에서는 협의회 같은 정식 네트워크는 아니지만, NPO의 자기진단 프로그램을 보급하면서 유연한 연대를 형성한다.

공인NPO법인 후지사와 시민활동기구는 NPO 기반 강화를 위해 '자가진단 시트: 조직을 지탱하는 17개 관점'을 제작했다. 이 시트는 스스로 조직 과제를 진단하고, 자정 작용을 통해 문제 해결의 방법을 정리한 내용으로 구성되어 있다. 2019년 이후, 현재까지 현 내 50개 단체가 이 프로그램을 활용했다.

동 법인은 현내 9개 중간지원시설 등에서 노하우를 이전하는 작업을 실시하고, 각 시설은 이를 지원력의 하나로 받아들인다. 이는 조직 기반 강화를 위한 방법을 공유함으로써, 중간지원조직 간의 연결을 도모하는 과정이다.

이러한 중간지원조직의 연대에 대한 논의는 NPO법 제정 이전부터 있었다. 예를 들어, 통합연구개발기구(NIRA)의 1994년 연구보고서는 '지원조직의 요건과 과제'라는 주제로 지역 및 전국 차원에서 필요한 지원조직의 자세를 다루고 있다.[77]

지역 차원의 조직에 대해 각 지역의 상황을 고려하여 민간 차원에서

---

77) NIRA. 1994. 「市民公益活動基盤整備に関する調査研究」.

독자적인 지원 사업을 전개하는 방안을 제시했으며, 이러한 지역조직의 연대를 촉진하는 역할을 전국 조직이 맡아야 한다는 과제를 강조했다.

이 보고서는 '지역 조직을 통합적인 조직으로 운영하기보다는, 대등하고 독립적인 조직으로 보고 지원하며 네트워킹에 협력한다'고 밝히고 있다. 또한, 제일총합연구소의 중간지원조직에 관한 보고서는 '중간지원조직 지원형'으로 각 지역의 지원조직을 지탱할 수 있는 장치가 필요하다'고 언급했다.[78]

각지의 중간지원조직의 동향을 전망하면서, 전체적인 연대 속에서 내셔널 센터의 역할을 정립해야 한다는 요구가 제기되고 있다. 이에 관련해 일본NPO센터는 '민간 NPO지원센터·장래를 전망하는 회(CEO 회의)'를 통해 전국 각지의 중간지원조직 리더들의 네트워크를 운영하고 있다.

이 책의 기초가 된 '중간지원 기능에 관한 연구회'에서도 각지의 중간지원조직들이 CEO 회의에 참여하고 있으며, 연구회에서는 각 지원조직으로부터의 보고를 듣는 모습이 인상적이었다.

서로 얼굴과 단체는 알고 있어도, 각각의 일상적인 활동 내용을 어느 정도 공유하고 있는지 궁금했다. CEO 회의를 포함해 일본 NPO센터가 진행한 지방 조직 간의 연대는 어떤 내용이었는지도 궁금했다. 사실, 과거에도 '중간지원조직의 역할이나 서로의 전략이 제대로 공유되지 않는

---

78) 株式会社第一総合研究所. 2002.「中間支援組織の現状と課題に関する調査報告書」. p. 44.(2001년 내각부 위탁조사)

다'는 지적이 있었다.[79]

일본NPO센터가 2007년에 정리한 '시민사회 창조 10년'에도 지원 활동을 하는 지역과 전국의 센터 그리고 그 외 관련기관과의 관계를 둘러싸고 '스스로는 전체 시스템의 구성원으로서 기능을 담당하면서 다른 기관과 대등한 입장에서 코디네이터가 되는 길, 그리고 스스로 주요한 기능의 코어가 되지 않고 전체 조건을 정비하는 코디네이터만 활동한다'고 쓰여 있다.[80]

그 후 내셔널 센터는 지원조직과 어떻게 연대를 형성하고자 노력했을까. 연구회에 일본NPO센터의 역할, 혹은 지원조직간 연대에 대해 '별로 기대하지 않는다'는 의견도 있는 것이 사실이다. 그렇다면 20년 전에 그린 전국 조직과 지방 조직의 미래상은 현재 어디를 향해 가고 있을까.

그 실마리를 찾기 위해 영국의 중간지원조직 사례를 살펴보았다. 영국에는 지역 과제 해결을 위한 지역 커뮤니티 재구축과 이를 지원하는 중간지원조직의 전략적 네트워크가 존재하고 있기 때문이다.

2. 영국 지역자치 지원과 중간지원조직 네트워크

영국 농촌지역은 과소화, 고령화, 상점과 우체국 폐쇄, 버스 서비스

---

79) 株式会社第一総合研究所. 2002.「中間支援組織の現状と課題に関する調査報告書」. p. 56.
80) 吉田忠彦. "日本NPOセンターの誕生まで."(日本NPOセンター 編. 2007.「市民社会創造の10年」. p. 164.

철수, 도시인의 농촌 주택 구입으로 인한 주택가격 폭등, 직장을 찾아 지역 외부로 떠나는 청년, 이민 노동자의 사회참여, 범죄 증가 등 격차와 빈곤으로 인한 사회문제에 직면해 있다.

그래서 영국 정부는 과제 해결을 위한 커뮤니티 임파워먼트를 목표로 상정하여 그 방법의 하나로 커뮤니티 기초단위인 패리쉬 계획(Parish Plan, 이하 PP) 수립을 추진했다.[81]

PP의 목표는 다음과 같다.

첫째, PP를 통해 제기된 내용이 주, 지방정부, 중앙정부 등 상위계획에 영향을 미쳐, 보다 제도적인 틀에서 지역 만들기를 실행하고자 한다. 영국도 일본과 마찬가지로 지자체 합병·재편을 진행하고 있는데 그 과정에서 지역사회의 목소리를 제도·정책 영역에 어떻게 반영할까를 고민한다.

둘째, PP 진행과정에 주민 참여가 반드시 필요하다. 주민들의 논의로 지역 과제·자원을 발견하고 공유하며 동시에 지역 민주주의를 구현하고자 한다.

주 당국을 시작으로 지방행정은 지역이 주체가 되는 PP 정책을 지원한다. 이 가운데 농촌지역 지원을 담당하는 중간지원조직은 지역커뮤니티위원회(Rural Community Council, 이하 RCC)이다.[82]

---

[81] 영국의 Parish Plan은 지역 주민들이 주도하는 지역사회 계획의 일환으로, 마을의 미래 비전과 이를 실현하기 위한 실행 계획을 담은 문서이다. 주민 의견을 반영하여 지역 발전 방향을 설정하고, 지역 특성에 맞는 다양한 분야의 개선 방안을 모색하는 데 중점을 둔다. https://en.wikipedia.org/wiki/Parish_plan 패리쉬는 지방행정 단위가 아니라 주민자치조직이므로 이 책에서는 고유명사 그대로 표현한다. (역주)

[82] RCC에 대해서는 櫻井常矢 외. 2008. "'新たな公'の形成に向けたコミュニティ·プラン策定と

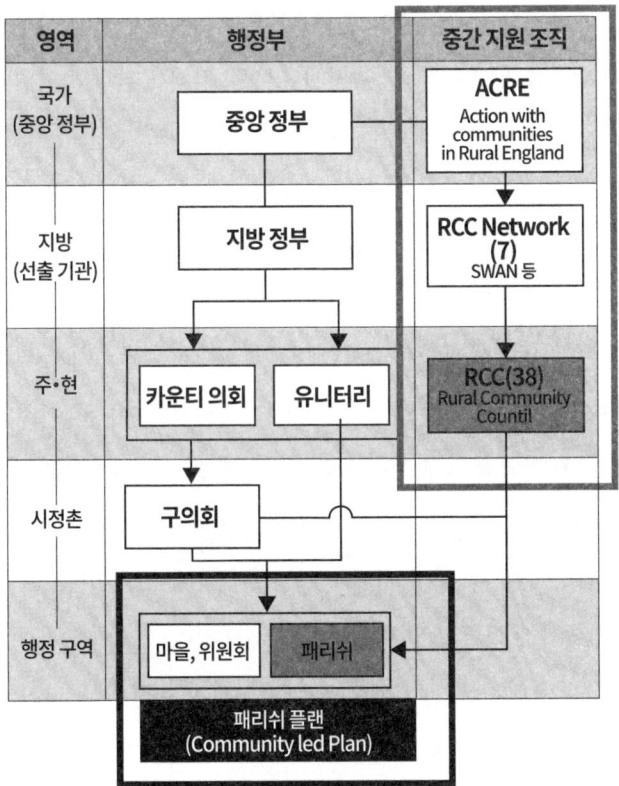

<그림 15-1> 중간지원조직 RCC와 지역의 관계구조

　　RCC는 영국 농촌지역의 삶을 통합적으로 지원하는 조직으로 전국 38개 주에 설치되어 있으며 PP 정책뿐만 아니라 다양한 지역 과제 해결을 지원한다.

　　예를 들어 영국 월트셔주에는 중심도시인 솔즈베리 외 지역의 커뮤

支援システムに関する研究."「人と国土21」33(6): pp. 26~33. 참조.

니티 지원을 담당하는 RCC로써 커뮤니티 퍼스트(Community First, 이하 CF)가 있다. CF는 PP 정책 지원을 위해 ① PP 효과를 주민에게 설명하기 위한 정보 제공과 계발 활동, ② 촉진체로서 PP 정책을 위한 운영위원회 설치 지원과 최적의 운영 방식 지원, ③ 주민 참여 촉진을 위한 워크숍 트레이닝, ④ 관련 상위계획 정보 제공 및 PP의 실효성을 담보하기 위한 상위계획 당국과 전략적 파트너십 형성 등 다양한 지원 프로그램을 운영한다.

RCC는 공익을 위해 활동하지만 정부로부터 독립한 민간단체이기 때문에 PP 정책 지원을 위해 일하는 지방행정기관보다 지역의 신뢰가 높은 편이다. 또한 지역과 정부 사이에서 민간기관으로서 독자성을 발휘하며 PP 정책 지원뿐만 아니라 지역의 삶을 통합적으로 지원한다.

이러한 RCC의 PP 정책 지원 특징의 하나는 주민 참여다. 과거 영국 커뮤니티에서는 패리쉬 위원회(Parish Council, 일종의 지역위원회, 이하 PC)가 대표가 되어 주민 합의를 형성하고 행정기관과 교섭했다. 그러나 최근에는 PC 활동 침체, 커뮤니티에 관한 주민의 의견 제시 부족, 혹은 PC에 대한 의존 등이 과제로 대두되었다.

따라서 PP 정책은 철저한 주민 참여에 기반하여 지역 과제를 발굴하고 합의 형성을 중시하며 지역 민주주의를 재구축하고자 한다. 그러한 목적을 실현하기 위해 PP를 결과가 아닌 과정으로서 중요시한다.

또 다른 특징은 기초지자체, 주, 지방정부, 중앙정부 각각에 대해 RCC 네트워크 조직이 로비활동을 전개한다는 것이다.

영국 38개 주에 각각 존재하는 RCC에는 전국연합조직 ACRE(Action

Communities in Rural England)와 지방 조직(예를 들어 영국 남서부 지원조직인 SWAN(South West ACRE Network) 등)이 있다.

이들은 PP가 지방정부와 중앙정부의 상위계획, 방침 등에 반영될 수 있게 움직이고 패리쉬와 정부·행정기관을 중개한다. RCC에 의한 철저한 주민 참여와 지역 민주주의를 중시한 PP 정책 지원, 그리고 RCC 네트워크의 중층적 로비활동이 상향식 과제 해결과 정책 형성 구조를 만든다.

이 책의 제2부에서 소개한 2011년 동일본지진 복구과정에서 진행된 나미에정 부흥지원원 제도도 영국의 이런 상향식 구조와 유사하다. 즉 지역, 시정촌, 광역 권역의 거점조직 설치, 그리고 보다 광역적인 차원에서 이들을 지탱하는 커뮤니티 네트워크가 중간지원조직 역할을 하며 중층적 네트워크를 형성하고 있기 때문이다.

이는 단순히 광역 범위에서 역할을 분담하는 것에 그치지 않는다. 부흥의 이념과 사고방식을 철저히 공유하면서 피해자와 그 삶 그리고 거기에 다가서는 부흥지원원 한 사람 한 사람의 의견을 토대로 끈끈한 정과 연대의 재생이 이루어진다는 것이 중요하다.

인재 지원과 거점조직(중간지원조직)의 지원방식은 다양하지만 서로 이해하고 배울 수 있는 관계를 만듦으로써 '피해자가 주체가 되는 부흥' 등 자립에 대한 사고방식을 바꾸었다는 의미또한 중요하다.

지원자가 당사자에게 일방적으로 무엇이든 지원하는 것과 가능한 한 당사자가 스스로 생각하고 능동적으로 다가서는 지원은 그 의미가 매우 다르다.

전자라면 당사자는 지원받으며 감사하고 기뻐하는 것에 머무를 것이다. 이런 '서비스'만으로는 사람과 지역의 변화와 성장을 도모하기 어렵다. 따라서 문제의식이 있는 혹은 문제에 직면한 당사자가 함께 생각하고 소통하는 환경을 만들며 사업 진행구조를 만들어가야 한다.

앞으로 일본의 중간지원조직은 내셔널 센터와 지방의 지원조직, 혹은 광역 자원의 지원조직 들과 어떤 관계를 구축할 것인가를 고민해야 한다. 이에 대한 그랜드 디자인 수립이 절실하다. 그리고 그 전제는 지역사회의 최전선에 있는 현장의 중간지원조직의 실정과 지원방법을 공유하는 것에서 출발해야 한다.

16장
지역자치 지원이 만드는 협동 과정 :
함께 배우는 사회로

사쿠라이 쓰네야

15장에서 논의한 것처럼 특히 지방도시의 중간지원기능 확대 부문에서 주목할 점은 현재 활동가의 대부분이 일본의 NPO와 중간지원조직 여명기에 탄생한 제1세대라는 것이다.

모두 오랜 경험을 한 사람들이고 (일부 단체는 세대교체를 하면서) 그때그때 상황에 맞게 적응력도 뛰어나다. 따라서 이들이 직면한 그동안의 과제에 대해 진심으로 호응하는 정책이 필요하다.

1. 지역자치 지원 확산

이러한 정책의 공통점은 RMO, 자치회, 마을까지 포함한 지역 자치 가치를 지향한다는 것이다. 고령화와 인구 감소에 따른 지역 과제의 심각화, 여성회(부인회)와 어린이회 등 기존 지역단체의 침체와 해산, 자치회 가입률 저하, 그리고 만성적인 일꾼 부족 등을 배경으로 공조 시스템 재구축이 필요하다.

중간지원조직의 사업은 지역 자치를 이루기 위해 지역 과제 발굴과 공유, 청년과 여성 등 다양한 주체가 참여하는 참여형 조직 형성, 그리고 지역의 다양한 단체, 기관 등의 네트워크 지원을 주로 행해왔다.

즉 기존 NPO·시민활동단체에 대한 재원 확보와 회계처리 등 경영 지원에서 보다 넓은 의미의 조직운영 지원(매니지먼트 지원)으로 활동 범위를 확대했다. 2013년 설립한 NPO법인 모두의 마을연구소 활동도 학군, 자치회, 마을까지 포함하며 주민과 친밀한 지원 사업을 전개했다.

이러한 노하우를 공유한 중간지원조직은 공립중간시설 운영도 새로운 방식으로 운영한다. 예를 들어 이치노세키 시민활동센터는 2011년부터 지역 담당제를 도입하여 직원이 각 지역을 나눠 담당하며 지원한다.

직접 담당 지역에 가서 지역 리더와 주민과 허물없는 대화를 하며 지역 과제 발굴과 공유, 해결을 함께 노력한다. 센터 직원이 정기방문하고 그 과정과 결과는 홍보지를 통해 알린다.

그 내용에는 자연스러운 대화와 진정성이 담겨 있다. 이런 아웃리치형 지원방법은 기존 중간시설이 시설 관리, 공간 임대, 강좌·세미나 등 서비스 제공만 하던 것에 비하면 매우 진일보한 지원방식이다.

이러한 방식은 지자제가 진행한 매뉴얼화된 중간지원조직 운영방식의 수정이 필요하다는 것을 시사한다.

마치다시(町田市) 일반재단법인 마치다시 지역 활동 서포트 오피스는

2019년 설립된 공립 지원 법인이다. 목적은 '마치다시를 거점으로 마을의 고민을 생각하는 조직과 주민을 지원하고, 다양한 주체의 협동을 코디네이트하여 지역 과제 해결 활동을 확대한다'는 것이다.

마치다시 부시장이 대표이사를 맡고 시민협동추진담당과장, 사회복지협의회 상무이사. 문화·국제교류재단전문이사가 이사를 담당한다.

이 단체도 시설관리 업무가 아닌 각종 민간단체의 풍부한 경험을 가진 직원들이 지역 자치회, 지구협의회, NPO 등 각종 단체를 방문하며 지원 업무를 수행한다.

중간지원조직과 공립중간지원시설 어느 쪽이든 지역 과제에 관한 대화의 장 만들기를 기반으로 기존 지역 조직의 수정과 재편, 주민 의견 조사, 마을 걷기 등 각종 지역 자원 조사, 지역사업 시행 지원 등을 한다.

그 외에 이 글에서는 전국에서 진행되는 지역부흥협력대(총무성) 도입 지원과 네트워크화, 지역포괄 케어시스템(생활지원 체제 정비사업) 운영, 커뮤니티 스쿨(학교운영협의회 제도) 구축과 RMO와의 연대, 장보기 지원과 빈집 대책 등 지역 과제 해결 방법을 소개한다.

2. 지역자치 지원 기능의 핵심

지역 과제의 표면화·공유화

1부에서 과제로 지적한 '협동 과제'는 지역 과제 발굴과 공유로부터 시작되어야 한다는 점이 중요하다. 처음부터 누가 정한 과제인지, 진짜 지역 과제라고 할 수 있는지 분명히 할 필요가 있기 때문이다.

이치노세키 시민활동센터는 지역 담당제를 실시하며 정기방문을 하여 지역 리더나 주민과 자연스럽게 의견을 나누며 진정한 과제를 발견하고자 한다. 일방적인 강요가 아니라 서로 함께 과제를 깨닫고 공유할 수 있는 대등한 환경을 만들고자 고민한다.

NPO법인 마치나카연구소 와쿠와쿠는 2011년부터 오키나와현에서 134회 지역원탁회의를 개최했다(3부 11장 참조). 행정을 포함한 관계기관과 단체, 관심 있는 주민 등이 참여하여 원탁 형식으로 의논하며 하나의 과제를 다양한 각도에서 검증하고 지역·사회 과제로 엮어가는 이슈레이징(issue raising) 방식이다.

이 법인은 '중간지원조직의 역할은 사회과제를 만드는 것'이라고 강조한다. 단 한 사람이 고민하는 사안이라도 그것을 주위 사람이나 커뮤니티와 연결하여 공유하며 지역 과제로 만들고자 한다.

이는 바꿔 말하면 수요를 만드는 방법이다. 인정NPO법인 이바라키 NPO센터 커먼즈는 중간지원조직 등이 참여하여 지역원탁회의를 만드는 과정 자체가 네트워크형 과제 해결에 특히 효과적이라고 강조한다.

자치 지원을 위해서는 지역 과제의 표면화·공유화가 중요하고 이는 협동형 사회 구축을 위한 중간지원조직의 역할을 각성하는 의미도 있다.

당사자 의식(주체) 형성

사회문제화 이전 단계로써 시민의 당사자 의식을 키우는 방법도 있다. NPO법인 오카야마NPO센터는 '당사자가 움직이는 당사자 의식을 갖기', '소비자에서 당사자로'를 콘셉트로 육아세대와 고교생을 대상으로 문제 당사자 되기를 지원한다.

예를 들어 육아세대 부모를 대상으로 '바보부모 이벤트(전 일본 바보부모회·오카야마대회2022)'를 준비하며 그 과정에서 육아세대 부모가 실행위원으로 참여하여 부모와 자녀가 즐길 수 있는 다양한 기획을 진행했고 그 결과 2천 명이 참여했다.

지금까지 문제를 품은 당사자 혹은 문제에 관심 있는 사람을 대상으로 한 사업은 있었지만 당사자가 직접 환경을 만드는 이런 사업은 새로운 방식이라고 할 수 있다. 설령 과제 해결에 직접 관련 없어도 기부행위 또한 같은 맥락의 직접적인 참여 행동이라고 볼 수 있다.

이와 같이 풀뿌리로부터 과제 해결 참여자를 만드는 일은 NPO와 RMO 형성에도 연결되는 중간지원기능의 하나라고 평가할 수 있다.

다양한 사람들의 참여와 환경 조성

지역 커뮤니티 현실에서 지역자치 지원과제는 더 많은 여성과 젊은이 등 새로운 인재가 참여해야 한다는 것이다. 고령 남성 중심으로 일꾼이 고착되고 사업활동이 매너리즘화되거나 경직화되는 것을 막고, 보다 유연한 발상과 행동력으로 지속가능한 활동을 위해서는 새로운 인재가 무엇보다 중요하다.

다만 이 부분에서도 새로운 인재 유입만 주장할 것이 아니라 새로운 인력이 기존 세대와 가치관과 사고방식 차이를 이해하고 공유해야 골격이 강한 지역 기반이 형성될 것이다. 이를 위해서도 지역의 다양한 사람들이 의견 표명 할 수 있는 기회를 확보해야 한다. 물론 최근에는 도시와 농촌 관계 없이 워크숍 등의 형식으로 주민을 위한 대화 기회가 많이 만들어지고 있다.

참여와 협동의 의미를 개념적·실질적으로 정리하려고 노력하는 중간지원조직도 있다. 여기에서 협동은 행정과 RMO, 기업과 NPO 등 조직과 조직, 단체와 기관 등의 관계를 의미한다.

조직과 단체는 민주적으로 운영되는 것이 기본이기 때문에 대화, 합의 형성, 규칙, 제도 등이 뒷받침되어야 한다. NPO법인 마치나카 연구소 와쿠와쿠는 2021년부터 2년간 나하시에서 시의 위탁사업으로 참여와 협동을 위한 사업을 전개했다. 나하시 협동정책은 1990년대 후반에 시작되어 오랜 역사를 갖고 있지만 새로운 사업을 시행하면서는 과거의 매너리즘과 애매한 협동 의식이 문제로 발견되었다.

따라서 시는 RMO 정책(학교구역 마을 만들기 협의회)을 진행하면서 협동 개념을 재정리하고 동시에 참여의식에 대해서도 심도 있게 논의했다. 특히 학군 지역 마을 만들기를 위해 자치회 등 지역 조직에 국한하지 않고 다양한 사람들에게 열린 개방적인 조직 운영에 주력했다.

구체적으로는 코로나 대응 과제 해결을 위해 '협동 길잡이'를 작성하고 사례 검증 보고서를 발행하여 이들을 학군 지역 마을 만들기 협의회에서 적극적으로 활용했다.

RMO는 일꾼 부족에 직면한 자치회·마을회 등 기존조직을 보완한다. 일꾼이 부족하므로 다양한 단체·기관 등을 연결하여 사업을 진행한다. 결코 조직화가 목적이 아닌 것이다.

따라서 RMO는 지역운영 '조직'이라기보다는 다양한 사람들이 참여할 수 있는 '장치'라고 보는 것이 적절하다. 기존 단체의 수평적 연결 그리고 이제까지 지역과 관계가 적었던 개인의 참여를 만드는 방법을 궁리하는 것이 중간지원조직의 본질적인 역할인 것이다.

지역 단체의 임파워먼트

지역 자치 지원은 중간지원조직 스스로 과제가 있는 지역, 단체, 개인과 직접 대면하는 것이지만 경우에 따라서는 지원 사업 뿐만 아니라 직접 사업을 진행해야 하는 경우도 있다. NPO법인 아키타 파트너십의 경우는 중간지원조직의 직접 지원을 강조한 사례이기도 하다(7장 참조).

이러한 상황을 인정하지만 중간지원조직 역할의 대부분은 지역 단체를 간접적으로 지원하는 것이다. 1부에서 강조한 것처럼 중간지원조직은 단체를 직접 지원하는 조직이 아니라 단체의 활동을 지원하는 조직이다.

지역자치 지원을 하는 중간지원조직은 다양한 과제와 주민 니즈를 파악하는 활동을 주로 하기 때문에 직접 지원에 매몰되기 쉽지만 지역에는 보다 전문성 높은 단체들이 많다는 것을 유념해야 한다.

따라서 중간지원조직이 파악한 과제와 활동방법을 지역 단체에 연결하여 단체 네트워크를 촉진하고 해당 단체가 스스로 존재 의식을 실감할 수 있는 환경을 조성하는 것이 중요하다(〈그림 16-1〉).

이러한 중개 지원은 중간지원조직의 본래 기능이며 지역 자치를 형성하는 방식이다. 주민의 당사자 의식 양성, 소통의 장을 통해 조직이나

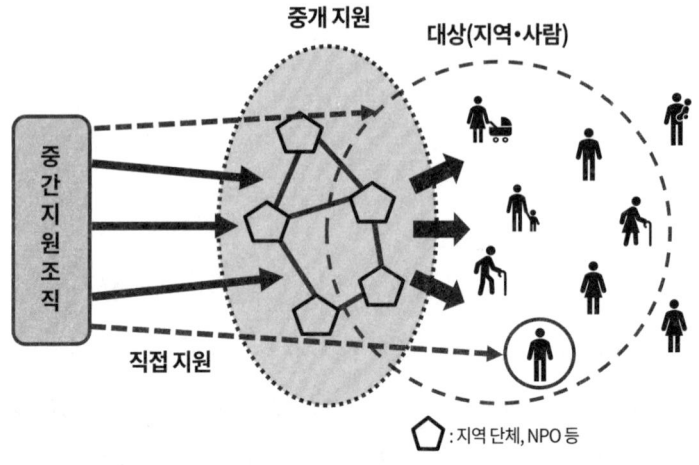

〈그림 16-1〉 직접 지원과 중개 지원

단체에 참여 그리고 지역단체의 임파워먼트를 촉진하면서 자치력 수준을 끌어올리는 것이 새로운 중간지원기능이다.

3. 정교한 조직운영 지원

지역 자치 지원의 또 다른 특징은 크게 두 가지다.

하나는 지역 과제 발굴과 공유를 중시하는 지원 사업을 하는 것이다. 이벤트 등 사업 활동을 목적으로 하는 것이 아니라 해결해야 할 지역 과제와 자원을 찾는 것이다. 이를 위해 지역 리더들과 스스럼 없는 대화, 정기 방문, 원탁회의 등을 실시한다.

나미에정 부흥지원원 사업도 처음부터 지원원의 활동을 매뉴얼로 정한 것이 아니라 피해자의 목소리를 듣고 지원원 스스로 방법을 찾고 여기에 중간지원조직이 철저하게 다가서는 방식으로 진행했다. 모두 시간을 들여 수고하면서 문제를 품은 당사자들의 생각과 실천을 소중히 하며 진행한 것이다.

또 하나는 참여(의견 표현) 기회를 만드는 것이다. 이를 위해 어린이와 약자, 여성, 전입자 등이 모두 어울리는 대화의 장을 만든다.

일반적으로 워크숍 형식의 대화 지원 사업은 많지만 이 경우에도 워크숍 개최만 목적으로 하는 것이 아니라 '무엇을 위해 대화하는가', '대화를 통해 무엇을 이루고자 하는가' 등을 고민하면서 주최측이나 참여자들과 대화하기를 거듭하는 것이 중요하다.

이러한 고민의 과정 공유는 그 후의 실행력으로 연결된다. 고령화와 인구 감소로 일꾼 부족이 현저한 지역 현장에서는 대화를 통한 인재 발굴과 일꾼 육성이 필수적이다.

RMO는 자치회 등 기존 지역 커뮤니티를 대체하는 것이 아니라 이들을 보완한다는 관점도 필요하다. 보완 관계라는 것은 누군가 일방적으로 주도하며 각각의 역할을 정하는 것이 아니라 대화를 통해 형성되는 것이다.

마쓰다 다케오는 보완 원리와 인재 육성은 지속적인 토론으로 커뮤니티와 거버넌스를 형성하는 것이라고 강조한다.[83] 보완적 관계를 구축

---

83) 마쓰다 다케오(松田武雄), 2014, 『コミュニティ・ガバナンスと社会教育の再定義: 社会教育福祉の可能性』, 福村出版.

하려면 서로 어디까지 개입하는가라는 구체적인 문제와 혼란이 생길 수도 있지만 이는 "어떤 분담이 적절한가에 대해 계속 토론하는 것이 바로 보완의 원리"라고 주장했다.

즉 각 조직의 담당 범위와 역할은 주어진 것이긴 해도 고정적인 것이 아니라 대화와 토론을 통해 역할 분담이 이루어짐으로써 재규정된다는 것이다. 따라서 중간지원조직이 RMO 지원을 포함한 지역 자치 지원을 할 때, 지역의 각 단체와 연대하며 대화 기회를 어떻게 지원 프로그램으로 구성해야 할까는 매우 중요한 부분이다.

4. 지역 자치 지원이 만드는 협동 과정

〈그림 16-2〉는 가토 데쓰오(加藤哲夫)의 논의를 참조하여 중간지원기능의 '빙산의 일각론'을 구성한 것이다. '빙산의 일각'은 지역에 빙산처럼 보이지 않는 과제가 많은 상태에서 NPO는 그 가운데 특정 과제를 표면화하여 문제 해결을 하고자 한다는 것을 나타낸 것이다.

중간지원조직은 그런 활동을 하는 NPO를 지원하지만 과거의 지원 방법은 통상적으로 경영(매니지먼트) 지원, 기부 중개(인터미디어리) 등이 중심이었다. 그러나 이러한 지원구조에는 지역의 잠재적 문제 발굴이나 문제발굴과정이 포함되어 있지 않았다.

NPO가 일방적으로 문제로 정한 것이 NPO 활동의 목적이 되는 경우가 많았다. 그렇기 때문에 지역의 수요와 NPO 활동간에 격차가 발생했

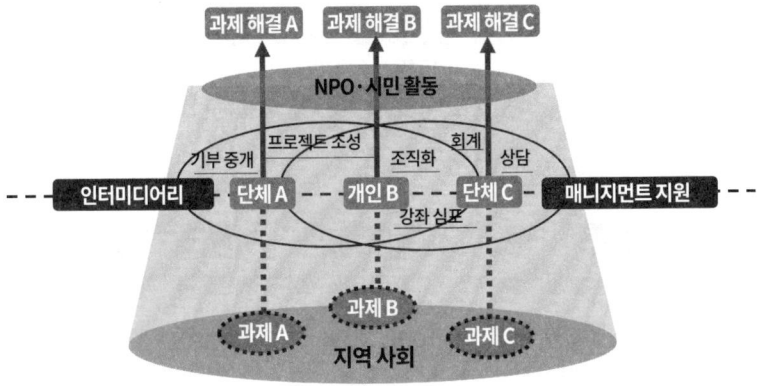

〈그림 16-2〉 개별단체 지원의 기능과 구조

다. 특히 지역의 잠재적 문제를 중간지원조직이 지원하는 것도 매우 제한적이었다.

또한 이 빙산의 일각론 기준으로 보면, 기존의 개별 단체 지원은 이미 활동 목표를 정한 단체를 지원하는 것을 의미하기도 한다.

수면 위로 나타난 빙산의 일각은 결과일 뿐이고 그 밑에 과정의 깊이나 문제의 규모가 중간지원조직의 지원에서 더 중요한 의미가 있는 것인데 그 사실이 중요하게 평가된 적이 없다.

예를 들어 NPO와 행정이 문제라고 인식한 것을 어떻게 주민들과 확인하며 대화하여 공통의 과제로 만들 것인가, 그 과정에서 중간지원조직이 어떻게 무엇을 지원해야 하는가도 매우 중요한 부분인 것이다.

이를 위해 중간지원조직은 정기 방문, 지역원탁회의, 대화 지원 등 상향식 지원을 새롭게 시도하고 있다. 다양한 주체가 대등하게 참여하는

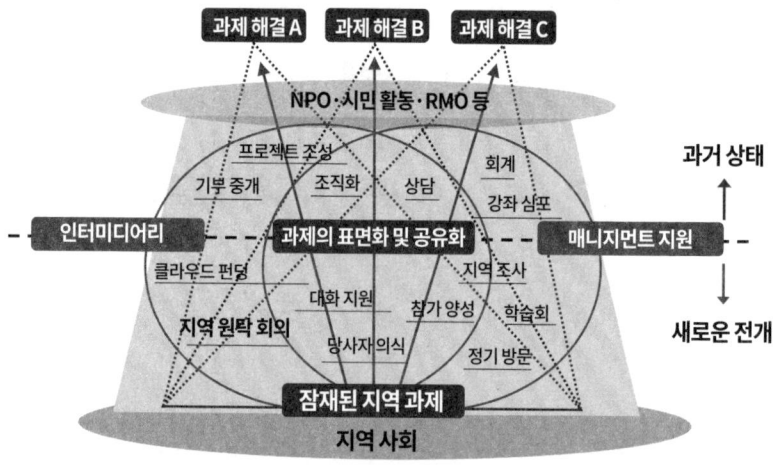

〈그림 16-3〉 지역자치 지원의 기능과 구조

장을 만드는 것이다(〈그림 16-3〉 참조).

또한 기존의 인터미디어리(자원중개 기능)와 매니지먼트 지원(조직운영 지원)에도 세심한 배려가 필요하다. 기부 중개 조성 사업은 언뜻 보기에는 인터미디어리 사업으로 파악할 수 있다. 기부자가 펀드를 운용하는 중간지원조직을 통해 NPO에 기부하면 이를 자원중개 기능을 수행했다고 평가할 수 있지만 기부자로부터 후원받아 중간지원조직이 조성 프로그램을 운영한다면 매니지먼트 지원을 한 것이라고 볼 수도 있다.

즉 중간지원조직이 실시하는 사업 목적에 따라 지원 기능의 의미는 변할 수 있다.[84] 중요한 것은 지역의 잠재된 과제를 발굴하여 현재화하

---

84) 2023년 9월 21일 지쓰요시 다케시(実吉威)(공익재단법인 효고 커뮤니티재단 대표이사) 인터뷰

고 공유하며 NPO와 RMO 등의 설립과 과제 해결을 촉진하는 일련의 협동과정에 중간지원조직이 기능해야 한다는 것이다.

또한 이 과정에 행정, 기업, 대학 등 다양한 주체도 참여하여 문제의식을 공유해야 한다. 이렇게 지역 자치 지원은 참여와 협동을 촉진하며 함께 배우는 관계를 기반으로 이루어져야 한다. 지역 자치 지원이라는 중간지원기능의 새로운 방식은 이렇게 협동형 사회 형성을 재구축한다.

5. 과제와 이후의 전망

마지막으로 남은 중간지원조직의 과제는 행정과의 관계이다.

우선 공립 중간지원시설 문제가 있다. 전국 각지의 공립 중간지원시설이 획일적인 매뉴얼로 불분명하게 운영되는 문제가 있다.

다른 공공시설과 다르지 않은 사무실 임대 방식, 강좌 중심 운영만 하여 지자체 재정 담당자들이 시설을 재편할 필요가 있다고 비판하기도 한다. 한편에서는 지역 커뮤니티 등이 활성화되고 있으므로 중간지원시설로 그에 맞게 달라져야 한다는 의견도 있다.

다만 그렇게 되려면 기존의 민간 운영주체의 노하우도 변해야 하는데 실제로는 그 과정이 원활하지 않을 수 있다. 고령화와 인구 감소에 직면한 지역에 어떻게 더 다가설 수 있는가는 여전히 남는 문제이다.

3부에서 말한 것처럼 지방의 중간지원조직은 다양한 과제에 직면한 지역에서 행정과의 관계를 유념하며 사업을 전개한다. 이때 필요한 것은 위에서 누가 일을 지시하는 것이 아니라 현장의 살아있는 실천에 기반하여 지역 전략과 지원 방법의 노하우를 공유하며 중간지원 기능의 존재감을 함께 확인하며 활동을 전개하는 것이다.

두 번째는 지자체의 지역 커뮤니티 정책 문제이다. 중간지원조직의 지역자치 지원사업 대상인 지역 커뮤니티는 지자체 정책의 주요한 대상이기도 하다. 최근 RMO 정책 추진이나 지역 커뮤니티 재생 모두 지자체의 정책과제가 되고 있다.

이때 민간 중간지원조직은 해당사업의 위탁기관이 되거나 (정책 추진 상황에 따라) 하청기관이 되기도 하고 경우에 따라서는 단순 사업체가 되기도 한다. 즉, 사업성과 운동성의 균형이 이루어지지 못한 채 협동 과정 자체가 실종될 가능성이 있다. 따라서 언제나 중간지원조직은 조직으로써 이념과 방향성을 갱신하고 자주적인 사업을 전개해야 한다.

세 번째는 공무원의 학습이 필요하다. 협동형 사회 달성은 중간지원조직의 과제이자 공무원의 과제이다. 1부에서 강조한 것처럼 선도적으로 공립 중간지원시설을 도입한 가나가와현과 센다이시에서는 언제나 공무원들이 적극적으로 협력했다. 당시 가나가와현, 오카자키현, 센다이시, 후지이시 모두 지자체 내에 정책연구소를 만들어 공무원 대상의 주체적인 학습의 장을 제공하며 강력한 협동정책을 시행했다.

많은 지자체에 설치된 협동담당과의 임무는 일방적으로 공무원과 주민에게 협동 실천을 촉구하는 것이 아니다. 그때그때 당사자 스스로 '협동이란 무엇인가'라고 묻고 생각하게끔 독려하는 것이 중요하다.

목적, 과정의 의미, 추진과정에서 제기된 과제 등을 분명히 하려는 부단한 노력이 있어야 협동도 확고해진다. 중간지원조직의 역할 또한 그러한 물음 속에 위치지어짐으로써 그 고유의 역할이 발휘된다.

중간지원조직의 창시자들이 그린 일본의 비영리조직의 현실이 협동형 사회라는 목표 하에 경쟁과 분열로 치닫는 현실을 직시해야 한다. 또한 본격적인 인구감소사회가 되는 상황에서 좀 더 새로운 역할과 기능의 미래상을 그리고 공유하며 함께 할 필요가 있다.

비전을 함께 나누며 중간지원조직의 이제까지의 성과를 솔직하게 되돌아보고 외부 평가를 겸허히 받아들이며 소통이 원활한 배움의 문화를 다채로운 형태로 양성해야 한다.

좌담회

일본의 중간지원기능 현황과 과제

□ 일시
- 2023년 10월 24일(화) 16:00-18:30

□ 장소
- TKP 도쿄역 컨퍼런스센터(온라인 줌 회의 병행)

□ 패널
- 오노데라 히로키(小野寺浩樹) 이치노세키시민센터
- 기다 료코(喜田亮子) 일반재단법인 마치다시 지역활동서포트 오피스
- 시노 슈헤이(椎野修平) 인정NPO법인 일본NPO센터/전 가나가와현청
- 다지리 요시후미(田尻佳史) 인정NPO법인 일본NPO센터
- 요코다 요시히로(横田能洋) 인정NPO법인 이바라키센터, 커먼즈

□ 플로어 토론자
- 미야지 기이치(宮道喜一) NPO법인 마치나카연구소 와쿠와쿠

□ 코디네이터
- 사쿠라이 쓰네야(櫻井常矢) 다카자키경제대학 지역정책학부

이 책의 편집에 맞춰 개최된 중간지원기능 연구회에서는 중간지원에 관여하는 전국 각지의 관계자들이 참여하여 고령화와 인구 감소에 직면한 지역에서 진행되는 새로운 중간지원기능에 대해 활발한 논의를 했다.

총 5회 개최된 연구회에서 마지막 제5회에서는 앞서 진행한 4회 동안의 논의를 정리하고 중간지원조직의 역할과 과제, 그리고 지역사례에 대한 종합 좌담회를 실시했다.

이하의 내용은 5회차 종합 좌담회의 기록이다.

 주제 1 지역 지원의 방법과 의미

연구회 논의에서 드러난 논점

사쿠라이 본 연구회의 목적은 고령화와 인구 감소에 직면한 지역에서 지속가능한 사회를 만들기 위해 중간지원조직의 동향을 살펴보는 것입니다.

2011년 동일본 대지진 이후 부흥지원사업을 기점으로 진행된 중간지원조직 네트워크, 특히 인재육성 방법에 대해서 검증하고자 합니다. 이러한 논의를 통해 필요한 사람과 지역에 다가서는 사회적 장치로써 중간지원·중개 기능을 발견하는 것이 목표입니다.

구체적으로 두 개의 사항을 검토하고자 합니다. 하나는 지역 현실에 적합한 중개·연결 기능이 변화하는 것, 즉 지역의 과제와 자원, 주민 의식과 실천력을

<종합 좌담회>

발굴하고 끌어내는 기능이 생긴다는 사실입니다. 다른 하나는 중간지원조직의 네트워크화의 의의와 전개 가능성을 검토하는 것입니다.

제1회 연구회에서 NPO 등 주로 단체 지원을 해 온 중간지원조직이 2010년대부터 자치회와 마을 등을 지원 대상으로 확대하고 다양한 지역 주체의 연대를 촉진하는 등 지원 대상과 범위가 넓어졌다는 것을 살펴보았습니다.

이 점을 고려하여 제2회와 제4회 연구회에서는 중간지원조직의 지역 지원 사례로써 오카야마와 이노세키 사례를 검증했습니다.

이 사례에서 지역 과제 발굴과 공유, 참여형 조직 만들기, 지역단체 네트워크와 수평적 연결 지원, 지역 형성 지원이라는 새로운 지원방식을 발견했습니다. 이러한 기능을 가진 중간지원시설이 새로운 형태로 형성되는 것도 알아보았습니다. 단순히 공간 임대, 강좌, 세미나 운영에 머무는 것이 아니라 직접 지역에 가서 지역에 묻혀 있는 과제를 발굴하고 공유를 촉진하고 해결 과정을 도모하는 아웃리치형 지원이 전개되고 있는 것입니다.

제4회 연구회에서 이 사례들을 검토하고 종합토론도 했습니다만 주요 내용은 세 가지로 정리할 수 있을 것 같습니다. 첫째, 지역 지원이라는 중간지원조직의 새로운 움직임 속에서 지역 과제의 표면화·공유화가 주요 지원 방법으로 부상하고 있습니다. 이를 위해 정기 방문, 지역 담당제, 과제 인식과 공유, 원탁회의, 사회문제화, 니즈 만들기, 과제 만들기, 소비자에서 당사자로라는 방식이 주로 활용됩니다.

둘째, 참여. 이는 NPO나 RMO 조직 속에서 다양한 사람들이 의견을 표현하는 것을 의미합니다. 일부 소수 인원만으로 지역 만들기를 진행해왔던 지역 커뮤니티에서 다양한 사람들의 참여를 독려하는 분위기가 형성되고 있습니다.

셋째, 지역 단체의 임파워먼트. 기존에 존재하는 지역의 다양한 단체들의 활력을 살리는 것입니다. 단체 지원이 목적이 아니라 단체보다 앞서 존재하는 주민, 즉 최종 사용자(엔드 유저)를 위해 단체 활동 지원을 목표로 하는 것입니다.

이 세 가지는 중간지원조직의 기본 기능일 수도 있지만 최근 들어 급부상한 새로운 방식들입니다.

아웃리치형 중간지원 기능에 대하여

기다 도쿄도에서 비교적 대도시에 속하는 인구 48만 명 규모의 마치다시에는 오랫동안 중간지원조직이 존재하지 않았습니다. 이런 상황에서 2019년 문을 연 마치다시 지역 활동 서포트 오피스는 중간지원조직 부문에서는 후발주자입니다.

우리는 NPO 등 단체에 대한 시설 제공 기능은 하지 않으며 사무실과 6명 규모 회의실이 있는 '시민협동 응원 스페이스'에서 일합니다.

다만 조직 구성은 특징이 있습니다. 우선, 마치다시 권역을 10개로 나눠 네트워크 조직 '지구협의회'를 만들었습니다. 그 과정에서 테마형 활동, 지역을 초월한 활동을 연결하는 중간지원조직이 필요하다는 의견이 제시되어 지구협의회 설립과 중간지원조직 설립을 동시에 진행했습니다.

이렇게 하여 시의 외곽단체로서 부시장이 대표를 하는 일반재단법인 형태의 중간지원조직을 설립했습니다.

주요 지원은 '만듦 : 일으켜 세움 지원', '지원 : 경영 지원', '연결 : 협동 지원', '바꾸기 : 변화 지원' 등 4개 영역으로 진행합니다.

구체적으로는 사업계획을 만드는 동반 강좌, 시청 2층의 시민협동 응원룸을 활용한 협동상담회 '마을 카페! 오픈 데이' 개최, 직원이 지역에 가서 발견한 과제를 해결하는 협동 프로젝트의 코디네이터, 협동 프로젝트의 사무국 기능 등을 시행했으며, 지역으로부터 신뢰받는 조직이 되고자 합니다.

지역단체의 임파워먼트에 대하여

오노데라 이치노세키 시민활동센터는 시민활동센터라고 부르기는 하지만 지역 내 NPO가 많지 않기 때문에 지역 활동의 대부분을 담당하는 커뮤니티, 자치회, 마을회, 동네 등 지역 단위 활동도 지원합니다. 지역 담당 직원을 정해서 1~2개 동네를 지원합니다.

아무것도 없이 방문하는 것은 이상할 것 같아서 매월 정보지 '이데아(idea)'를 들고 방문합니다. 마을에서 수집한 정보로 정보지를 만들고 거기에 현장에서 의견을 더 모으는 방식으로 일을 합니다.

지역 단체들은 활동이 정체되기도 하고 매너리즘에 빠지는 등 여러모로 새로운 방향 전환이 어려운 곳이 많습니다. 이런 현상을 객관적으로 보니 오랫동안 지역 단체가 하는 활동을 고정하는 경향이 있는 것 같다는 생각이 들었습니다. 그렇다면 그것을 좀 더 현실에 맞게 재가동하는 것이 중요합니다.

최근 푸드 뱅크 사업을 시행했는데 이는 우리 지역 최초의 푸드 뱅크 사업입니다. 처음에는 사무실 직원들이 매월 각 마을의 주민회관을 방문할 때 직접 우리가 음식 상자를 설치하고 그걸 회수하는 방식으로 진행하려고 했습니다. 우리가 하면 잘 할 수 있지만 다시 생각해보면 그런 방식은 사회복지협의회의 역할이기 때문에 사회복지협의회와 의논했습니다. 처음에는 사회복지협의회에 취약층에 대한 음식 배분만 부탁하고 음식 모집은 우리 센터가 하려고 했는데 사회복지협의회에서 모든 과정을 자신들이 하겠다고 했습니다.

그런 모습을 보면서 '뭔가 (우리의 목적대로) 지역 단체가 재가동되는구나' 하는 느낌을 받았습니다. 그렇게 푸드뱅크는 지역 신문에도 보도되는 등 사회복지협의회의 좋은 사업이 되었습니다. 2회차 연구회에서 야마오카의 식량 지원 사례에 대해 배웠습니다. 그런 방식은 우리도 할 수 있다고 생각하지만 한편으로는 직접 나서서 하기보다 지원자가 되는 것이 더 적절한 것 같습니다. 좋은 노하우를 전달하며 일꾼의 어깨를 다독여주는 역할이 필요하니까요. 이것이 단체나 중간지원조직에게나 서로 상생할 수 있는 방법이라고 생각합니다.

원탁회의의 의의, 기존 NPO 지원 방법과의 차이에 대하여

요코다 원탁회의는 2008년~2009년 즈음에 일본에 최초로 도입되었습니다. 내각부의 국민생활 심의회가 없어지면서 다양한 관련자들이 참여하는 멀티스테이크홀더 장치가 필요하다는 의견이 제기되었습니다.

이후 정부, 경제계, 노동조합, 생협, NPO센터 등이 참여하는 원탁회의 '안전·안심하고 지속가능한 미래를 향한 사회적 책임에 관한 원탁회의'가 생겼습니다. NPO센터는 NN네트(https://sr-nn.net)를 만들어 원탁회의에 참여할 대표자를 선출하고, 주제를 검토하고, 결과를 공유했습니다.

큰 규모의 장치로써 원탁회의가 만들어졌지만 그 규모가 너무 커서 실천으로 잇기는 어려웠습니다. '지역에서 과제를 좀 더 구체화하는 것이 훨씬 효율적이다'라는 의견이 나와서 2010년 이바라키에서 최초의 지역원탁회의를 만들었습니다.

원래 저는 경영자협회라는 경제단체 소속이어서 기업과 연결할 수 있었기 때문에 이바라키에서 원탁회의를 만들 때 기업, 생협, 노동조합을 포함시킨 원탁회의 'SR네트 이바라키'를 구성할 수 있었습니다.

지역원탁회의는 의견만 모아 발표하는 것이 아니라 직접 사회적 실천도 하는 것이라고 생각했지만 행정은 그런 취지에는 좀 소극적으로 망설였습니다. 담당과에서 그런 방식은 곤란하다며 몸을 사렸습니다. 발언의 책임을 질 수 없다는 것이었지요.

그래서 행정 담당자가 어떤 발언을 해도 그건 공식 견해가 아니라 개인적인 견해로 하자고 정했습니다. 자유로운 발언 규칙을 만들고자 한 것입니다.

행정의 심의회처럼 미리 주제를 정하고 사무국이 판을 만들고 많은 사람이 참가해도 잠시 발언하는 정도에 끝나면 스스로 결정했다고 보기는 어렵습니다. 따라서 주제를 정하는 단계부터 합의에 이르는 단계까지 적극적으로 참여하여 실천으로 이어지는 활동을 하고자 했습니다. 이는 명백히 과거와 다른 회의·협동 스타일입니다.

지역원탁회의는 멀티스테이크홀더 프로세스를 배경으로 등장한 것이기 때문에 구성원의 참여가 가장 중요합니다. 그래서 각 센터의 핵심 인물을 찾아서 중간지원조직이 지원합니다. 그런 과정을 통해 수평적 연대를 만들어 갑니다. 힘들었던 것은 모두 함께 논의 주제를 결정하는 과정이었습니다. 매해 실행위원회는 올해의 주제를 함께 논의했습니다. 처음에는 주제를 결정하기 어려웠지만 그럴수록 계속 반복해서 회의했습니다. 예를 들어 빈집과 이동이라는 커뮤니티 문제는 자치회가 해결하기 어렵기 때문에 지역에 협의회를 만들어 참여와 제안을 받는 방식으로 진행했습니다. 그랬더니 생협은 이런 식으로 해결에 기여 할 수 있고, 기업은 이런 방식으로 참여할 수 있고, 행정도 적극적으로 관여해야 한다는 식으로 문제의 핵심 내용이 명확해졌습니다. 이처럼 각자 참여하는 의미와 당사자가 담당해야 할 스토리를 만드는 과정이 가장 중요합니다.

정해진 주제에 대해 지역 내외 활동가들의 이야기를 들으면서 지역 활동의 동력을 만드는 것이 원탁회의의 목표입니다. 물론 실전은 원탁회의가 끝난 후에 열립니다.

푸드 뱅크 만들기를 주제로 활동할 때에는 누가 어떻게 참여할 수 있나부터 논의를 시작하여 농가 지원은 생협 담당, 식품공장은 경영자협회 담당, 제공 역할은 복지계 담당 등으로 정하며 푸드 뱅크를 만들었습니다.

당시 동일본 대지진이 발생하여 재난 후 식량 지원을 할 때 푸드 뱅크 사업에 함께 했던 구성원들에게 신속하게 연락하여 바로 시행에 돌입할 수 있었습니다. 미리 형성되었던 네트워크가 큰 역할을 한 것이죠. 정해진 주제 속에서 서로 할 수 있는 것과 할 수 없는 것을 파악하고 활동했기 때문에 신속하게 대응할 수 있었던 것입니다.

이때 중간지원조직에게 사무를 모두 맡기지 않는 것이 중요합니다. 사무국이 다 해버리면 모두 그것에 의존하기 때문에 5만 원씩이라도 각 단체에서 갹출하여 대등함을 유지하고자 했습니다. 그렇지 않고 중간지원조직 회의만 따라다니면 활동력이 없어지기 때문입니다.

일상적인 의사소통을 통해 참여 단체의 고민을 성실하게 파악하는 것도 중요합니다. 예를 들어 복지와 주택처럼 분야가 겹치는 문제는 행정만으로 대응하기 어려운 경우가 많습니다. 행정 부서가 주도한 회의에서 주택 부서는 발언하지 않는 경우가 발생합니다.

따라서 이 주제를 원탁회의에서 상정해서 그것을 중간지원조직이 코디네이트하여 다수의 부서가 참여하여 자유롭게 발언하게 했습니다. 이처럼 지역의 수직적 구조를 타파하고자 노력해야 지역 문제에 더 효과적으로 대응할 수 있습니다.

미야지 오키나와에서도 지역 문제를 공유하는 하나의 방법으로써 2011년부터 지역원탁회의를 실시했습니다. 지금까지 12년 동안 매해 다섯 번 정도 원탁회의를 실시했고 얼마 전에 제133차 원탁회의를 마쳤습니다.

마을 만들기 지원을 위해 설립된 중간지원조직인 마치나카연구소 와쿠와쿠와 시민커뮤니티재단 미래펀드 오키나와가 공동으로 원탁회의 운영방식을 개발했습니다.

NPO가 정말 지역 문제를 제대로 파악하고 있는지 알고자 했고, 이를 위해 NPO를 지원할 필요가 있다는 문제의식도 느끼면서 한 사람 한 사람의 고민을 공유하는 방법을 시행하기 위해 원탁회의를 도입했습니다.

최초의 논점 제공자가 "우리는 이런 테마로 이런 활동을 하고 있지만 이런 고민이 있다"는 이야기를 하며 문제를 제기하고 이에 대한 다양한 입장의 이야기를 들으면서 서로 정보를 공유하고 공감하며 다음 단계를 진행할 수 있는 장으로 원탁회의를 활용합니다.

사쿠라이 국가 차원의 원탁회의에서 주제를 보다 구체화할 수 있는 원탁회의의 흐름과 원탁회의를 기획하고 운영하는 과정 자체가 사람들의 연대와 네트워크를 만들 수 있다는 의미를 파악했습니다.

저도 오키나와 원탁회의에 참여하고 있는데 정말 다양한 분들이 참여합니다. 뭔가 결정하는 것은 아니기 때문에 산만하다고 느낄 수도 있지만 긴 시간동안 공유하고자 노력합니다.

 협동형 사회 되돌아보기

사쿠라이 거시적으로 그동안 중간지원조직이 해온 역할을 돌아보면 '협동'이 키워드입니다. NPO법이 시행된 지 25년이 지났는데 과연 협동형 사회가 형성되었다고 볼 수 있을까요? 그렇지 않다면 무엇이 부족했기 때문일까요?

시노 전국 지자체에서 최초로 협동 문제를 본격적인 검토한 곳이 요코하마입니다. 1999년 협동의 원칙과 방법을 '요코하마 코드'라고 발표했습니다. 이 방침은 전국에 확산되어 협동 조례, 협동 지침, 협동 매뉴얼 등으로 나타났습니다.

대표적인 협동시설로는 저도 참여한 가나가와 현민생활 지원센터를 들 수 있습니다. 많은 지자체와 의회 사람들이 이 시설을 견학하고 난 뒤 각 지역에 자연스럽게 시민생활 지원시설이 생겨났습니다.

처음의 10년 동안에는 협동에 대한 다양한 논의가 진행되었지만 점차 NPO의 시설 확산, 조례 제정 등이 이어지면서 약간 매너리즘이 생기는 경향도 나타났습니다.

그런 속에서 요코하마시가 시민생활 추진조례를 협동조례로 바꾼 사례도 있었습니다. 그 가운데 협동 계약이라는 개념도 등장했습니다.

원래 행정에서 민간으로 가는 돈은 위탁비와 보조금 이 두 개뿐입니다. 위탁계약으로 이루어지는 위탁비는 행정이 압도적으로 유리한 위치에서 집행합니다. 보조금도 교부결정 통지를 통해 집행되기 때문에 그 구체적인 결정과정에 대해서는 알기 어렵습니다.

요코하마시의 협동계약은 NPO와 행정이 대등하게 계약하는 것으로 되어 있습니다. 다만 요코하마 코드 지침과 달리 이 계약에는 그 이상의 내용은 담보하고 있지 않습니다. 아마도 행정의 재정당국이 만들었기 때문에 어쩔 수 없이 제한적일 수밖에 없었던 것 같습니다.

또 하나의 흐름은 협동을 코디네이터 하는 기능으로서 교토부, 후지사와시, 요코하마시 등에서 시행하는 방식입니다. 행정과 NPO의 연결과 협동이 이루어지도록 갈등이 발생할 때마다 중재기능을 시행합니다. 달리 말하면 협동의 촉매 역할을 시행하는 것이라고 평가할 수 있습니다.

마치다시와 이치노세키시의 사례를 듣고 시설뿐만 아니라 정책도 있다는 사실이 좋았습니다. 오늘날 대부분의 시설은 지정관리자제도로 관리될 뿐 그 외에 아웃리치형 기능은 잘 시행되지 않는데 이런 한계를 극복하려는 노력이 있다고 느꼈기 때문입니다.

다지리 협동형 사회는 일정 정도 형성되고 있기는 합니다. 행정과 시민단체가 각각 개별적으로 일하면 잘 되기 어렵기 때문에 조심스럽게 협력을 시도하며 성공을 체험하는 지역들이 점점 늘고 있습니다.

특히 피해지의 복구 활동처럼 눈앞에 힘들어하는 사람이 많이 있고 신속한 지원이 필요한 환경 속에서는 많은 협동이 이루어졌다고 생각합니다.

다만 피해 복구나 부흥 지원처럼 하나의 목적을 위한 협동은 잘 이루어지지만 일상생활로 돌아가면 예산 결정 등도 원래의 시스템과 장치로 돌아가버리는 경향이 있습니다.

협동은 말로만 표현될 뿐 조례 제정 등을 할 때에는 협동을 그저 목적으로만 생각하기 쉽습니다. 즉, 문제 해결을 위한 협동이 본질인데 그 반대의 상황이 되어버리는 것입니다. 이 부분에 대한 행정과 NPO의 반성이 없는 것이 문제입니다.

사쿠라이 협동의 목적화에 대해서는 저도 동의합니다. 지역의 협동 사업 자체가 줄어드는 환경 속에서 협동 제안형 사업 등은 행정이나 NPO가 일방적으로 제안한 과제를 해결한다는 의미가 되어버렸습니다. 과제 자체가 진짜 과제인가에 대해서는 따져보지 않은 채 그저 사업만 시행하곤 합니다.

재해 사례를 말하셨는데 이 연구회도 동일본 대지진을 계기로 만들어졌습니다. 전대미문의 피해가 눈 앞에 나타나 서로 대등한 관계로 협동해야만 하는 상황이 된 것입니다. 그러나 재해 후 시간이 지나면 그때에 적극적으로 협동하던 지자체도 그저 '행정'으로 되돌아갑니다.

따라서 피해가 발생해서 협동하게 되었다는 것은 본질이라고 보기 어려운 상황이 발생합니다. 이제 다시 행정과의 협동에 대해 생각해봐야 하는 때가 되었습니다.

기다 마치다시에서는 2019년까지 중간지원조직이 없었기 때문에 시 직원이 직접 NPO에 관여했습니다. 시민협동 페스티벌이라는 NPO, 시민활동, 자치회, 마을회가 모이는 이벤트도 시가 사무국을 담당했습니다.

좋은 면도 나쁜 면도 있었지만 그 후 중간지원조직이 생겨 행정이 직접 현장에 관여하는 일이 줄어들었습니다.

이는 NPO 지원뿐만 아니라 행정에서 민간에 대한 위탁·협동이 이어지는 속에 다른 사업에서도 말할 수 있는 부분입니다. 현장을 아는 것이 협동으로 연결된다고 생각하기에 행정, 중간지원조직, NPO의 협동의 자세를 다시 한 번 생각할 필요가 있습니다.

오노데라 이전에는 공무원이 현장에서도 활동했기 때문에 그 과정에서 노하우를 익힐 기회가 있었습니다. 그러나 이제는 위탁이나 보조금으로 현장에서 점점 멀어져 노하우를 익힐 기회가 없어져 버렸습니다.

한편 NPO와 중간지원조직은 세대 교체를 하면서 제도나 장치를 당연시하게 되었습니다. NPO법과 제도를 만들어 조직을 세운 세대의 마음과 사고방식을 다음 세대로 어떻게 이어갈 것인가가 고민입니다.

사쿠라이 1990년대에 NPO법 등의 장치를 만든 이른바 제1세대는 '이렇게 해야 한다'는 식의 이론을 많이 남겼지만 그 후의 세대, 특히 2010년 이후부터는 활동이 약해지는 듯 합니다.

수많은 단체의 활동보고가 있지만 오늘날 중간지원조직이 어떤 중심 가치를 갖고 움직이는가 등을 논의하는 이론은 거의 없는 것 같습니다.

요코다 NPO법인이 생기기 전 임의단체 상태에서는 상대해주지도 않고 보조금도 주지 않는 상황이었습니다. 그러다가 요양보험제도를 시작으로 NPO에 자금이 지원되기 시작하면서 행정은 값싸게 일하는 사람이 NPO라고 여기게 된 것 같아요. 돈을 받고 있으니 그런 인식에 대해 저항하는 분위기도 형성되지 못한 것 같습니다.

일각에서는 적절한 관리 경비 비율, 총경비 회수(Full Cost Recovery)를 요구하는 운동도 있었지만 그 운동에 참가하면 행정으로부터 배제된다는 두려움에 운동이 제대로 확산되지 못했습니다.

좀 더 본질적으로 따져보면 NPO가 쓸 수 있는 회비나 기부금 등 자율적인 재

원이 부족했기 때문입니다. 자유로운 자원이 있다면 더 나은 상황이 되었겠지요. 중간지원조직도 더 나은 상황을 만들기 위해 노력해야 했지만 오히려 행정과 밀착하여 그저 자금을 받는 존재가 되어버린 것 같습니다.

 지역 과제 발굴 및 공유

사쿠라이 제1회 연구회에서 지역 수요와 NPO 활동간 격차에 대해 논의했습니다. 동일본 대지진 부흥지원에 참여한 NPO 조사에서 단체의 활동 목표와 지역의 과제간에 일정 정도 괴리가 있다는 결과가 나오기도 했지요.

예를 들어 지역에서는 크게 문제라고 인식하지 않는 세대 교류, 영유아 지원이 NPO 활동에서는 큰 비중을 차지하고 그것이 NPO가 지원을 획득하기 쉬운 서비스로 선호하는 부문인 것으로도 나타났습니다.

그렇다면 지역 과제를 다룰 때 지원 내용과 격차가 생기지 않으려면 어떻게 해야 할까요?

오노데라 감정 이입을 하지 않는 것이 중요해요. 과제가 아닌 대상자의 감정에 치중하면 안됩니다. 지역에서는 "어린이 식당이 필요하다", "놀이터가 있으면 좋겠다"고 이야기하지만 실제로 그게 지역 과제인가는 생각해봐야 합니다. 진정한 과제는 그런 간단한 말로 표현할 수 있는 것이 아니라 말로 표현하기 어려운 곳에 엉켜 있는 실타래 같은 것입니다. 과제를 제대로 해결하려면 좀 더 멀리서 객관적으로 보아야 하고 퍼실리테이션을 통해 대화하고 이해하도록 지원해야 합니다.

따라서 지역 지원에서는 성과보다 과정이 중요합니다. 중간지원조직이 이게 더 좋은 방식이라고 제안하는 것이 아니라 당사자들이 더 좋은 방식을 실감하며 스스로 해보고 싶다는 의식이 들도록 지원해야 합니다.

기다 시민활동은 자발적인 자원봉사이기 때문에 각자 하고 싶은 것을 하면 됩니다. 스스로 하고 싶다는 의욕이 강한 동기가 되어 계속 이어지는 것입니다. 중간지원조직은 이러한 활동들이 과제 해결에 연결되도록 한 조각 한 조각 맞추는 조정 역할을 해야 합니다.

예를 들어 지역포괄지원센터의 사람들과 8050의 과제(80세 부모를 둔 50세 은둔형 외톨이)에 대해 의견을 나눠보니 50대 은둔형 외톨이에 대한 대응이 어렵다고 말하더군요.

그렇다면 직접 모든 것을 다 하려고 하

지 말고 은둔형 외톨이 지원을 전문으로 하는 NPO와 연결하여 일을 풀어나가는 것이 더 효과적이라고 할 수 있습니다. 즉, 중간지원조직은 좀 더 많은 정보와 선택지를 확보하는 것이 중요합니다.

시노 행정은 보통 5년 주기로 종합계획을 만들고 각 분야의 개별 계획을 수립합니다. 기본적으로는 이 계획에 포함되지 않으면 예산 집행을 할 수 없으므로 행정과 지역 수요간 격차 발생은 필연적인 측면도 있습니다.

따라서 NPO의 주된 자원은 행정 자원이라는 맥락으로 본다면 지역의 수요와 NPO 활동에 격차가 발생할 수밖에 없습니다.

나카가와 자원봉사 활동추진기금21은 NPO가 제안한 사업을 하기도 하지만 심사회의 권한이 막강합니다. 행정이 하지 않는 사업도 심사회가 결정하면 중간지원조직에서 시행합니다. 이런 식의 방안을 도입하지 않으면 중간지원조직이나 NPO는 계속 행정에 끌려다니기만 할 것입니다.

다지리 행정에는 종합계획에 의한 목표라는 압박이 있습니다. 원래 종합계획을 수립하는 과정에도 스토리가 있기 때문에 실제 진행 과정에서 지역에 맞지 않는 부분이 나와도 무시하는 경우가 많습니다.

주민들이 제안해도 종합계획에 없는 제안이면 "주민 스스로 해주세요"라고 말하며 넘어가 버립니다.

후생노동성의 '내 일·통째로(我が事·丸ごと)' 사업이 대표적입니다. 저출생, 고령화, 사회보장비의 한계를 전제로 장애 유무에 관계 없이 상호부조를 하는 주민을 지원하는 사업입니다. 이제까지 제도로 시행했던 보살핌 활동을 갑자기 주민 활동으로 전환한 것으로서 책임도 주민이 져야하는 사업입니다. 소비자를 당사자로 하는 것은 중요하지만 그 과정에서 발생하는 리스크를 어떻게 감당해야 하는지 그저 자치(自治)라고 말하며 넘어갈 문제인지 생각해봐야 합니다.

또한 주민의 생각은 다양하기 때문에 자치 운영은 매우 어려운 것입니다. 오카나와의 원탁회의도 부정적인 관점에서 보면 주민들의 찬반 의견의 무게를 어떻게 평가하는가는 매우 중요한 문제라고 할 수 있습니다. 이런 과정에 대한 신중한 고려가 없다면 진정한 자치라고 할 수 없습니다.

지역 과제는 늘기만 하고 시간 제약도 큰 상태입니다. 그러한 제약 속에서 오해와 갈등이 커지기만 합니다. 중간지원조직은 이 과정에서 성실한 조정 역할을 수행해야 합니다.

오노데라　오늘날 중간지원조직은 지정관리제 등 아무도 현장에 나가지 않는 조직이 되어버렸습니다. 가끔 시설이 새로 생기면 이야기를 들으러 갈 때도 있지만 그보다는 새로운 법인을 만들고 싶다는 상담만 응대하는 경우가 많습니다. 그렇게 되면 중간지원조직과 NPO의 접점이 없어져 버리기 때문에 지역 내에서 NPO와 지역을 연결하고 싶어도 소개할 정보도 없는 상태가 되어버립니다. 지원센터도 점점 사람이 바뀌어 축적된 정보도 없이 상담도 하기 어려운 상태가 되곤 합니다.

이런 것을 방지하기 위해서는 아웃리치형 활동을 늘려야 하는데 이것이 지정관리제도의 허점이라고 볼 수 있습니다. 이 문제에 대한 논의가 필요합니다.

 주제 4　중간지원조직의 과제

사쿠라이　지역사회 속에 과제는 많이 있지만 현재 NPO 지원의 틀에서는 해결하고 싶은 과제를 이미 가지고 있는 개인이나 단체가 상담하기 때문에 결과적으로는 해결해야 할 과제와 파악한 과제만 해결한다는 한계가 나타납니다.

그런데 지역 지원 차원에서 보면 무엇이 과제인지 파악하고 공유하는 단계부터 지원하는 대화 지원이나 지역원탁회의 지원이 이루어지고 있습니다. 바로 이것이 중간지원조직의 새로운 지원 방식입니다. 그러나 이 장치에 행정이 적극적으로 참여하지 않으면 그저 중간지원조직이 모든 걸 다 해야만 하는 상황이 되어버릴까 봐 걱정입니다.

오노데라　지역에 잠재된 지역 과제를 소중히 하고 성실하게 마주하지 않으면 과제도 지역 수요도 파악하기 어려워요. 지역의 이장과 자치회장같은 리더도 수퍼맨이 아니기 때문에 지역 과제를 완전히 파악하고 있진 못하지요.

진짜 지역 과제를 파악하려면 카페에 들르거나 사람들이 모인 곳을 찾아가 직접 대화해야 합니다. 그런 과정을 통해 대화 지원과 원탁회의라는 길이 보일 것입니다.

행정은 중간지원조직에 맡기는 게 좋다고 생각할지 모르지만 실제로는 행정이 할 부문과 중간지원이 할 부분이 구분되어 있습니다. 따라서 현장에는 행정과 중간지원조직이 모두 있는 것이 중요합니다.

요코다　지역에서 외국 국적의 어린이 교육 문제에 관여한 활동을 하는데 초등학교에 들어가기 전에 어린이집이 필요하다는 생각을 합니다. 우리는 이것이 지역 과제라고 생각해서 행정에 제안하지만 행정은 좀처럼 움직이지 않아요.

다른 분야에서도 이런 문제가 발생한다고 생각합니다. 이런 상황을 타개하면 좀 더 거시적인 관점에서의 접근이 필요합니다.

미국에는 보상 교육이라는 개념이 있어 부모의 일과 관계없이 모든 어린이는 어린이집 같은 곳에서 사회성을 익힙니다. 이런 방식을 많은 시민이 응원하게 되면 행정에도 영향을 미칠 수 있겠지요.

이처럼 NPO의 활동에 시민의 운동이 더해지면 지역 과제가 해소될 수 있을 것 같습니다.

사쿠라이 지금까지 사회운동부문은 특정 단체의 제언을 중심으로 진행된 경향이 있습니다. 그러나 그런 방식이 아니라 지역 과제의 공유를 통해 관계자를 폭넓게 끌어들이며 움직이는 것도 가능할 것 같군요.

중간지원기능을 되돌아보기 위해 연구회를 진행하면서 지역 커뮤니티 지원이라는 새로운 역할에 주목하게 되었습니다. 이런 논의를 통해 지역 중심의 협동형 사회 구현 기회를 새로 만들고 싶었습니다.

저는 중간지원조직 근무자도 아니고 제3자 입장에 있지만 그래도 지금의 중간지원조직이 개방적이기 않은 폐쇄적인 세계가 되어버린 것 같다는 생각을 합니다. 일반 주민이 좀 더 쉽게 받아들이도록 잘 설명해야 하는데 이 분야에 대한 연구도 많이 이루어지고 있지 않습니다.

단순히 중간지원조직의 활동기록과 사업보고서에 그치는 것이 아니라 지원의 의미와 과제에 대한 좀 더 활발한 논의가 필요합니다. 이후에 우리 사회가 협동형 사회가 재구축되길 바라며 이 연구회가 그런 출발의 기회가 되었으면 좋겠습니다.

감사합니다.

역자 후기

무엇을 위한 중간지원인가,
한 사람의 백 걸음에서 백 명의 한 걸음으로

1. 어느 날 우리집에 재해가 찾아왔다. 어떻게 해야 하나

큰 산불이 발생했다. 많은 사람들이 피해를 입었다. 지자체는 큰 지원금을 약속했다. 다 타버린 나무가 자라 숲을 이루는 데 오랜 시간이 걸리는 만큼 놀라고 상심한 사람들의 마음이 회복되고 의지가 형성되기까지도 오랜 시간이 걸릴 것이다.

2025년 5월7일 수요일 한겨레

경북 산불 복구비, 역대 최대 1조8310억 확정

전소 주택에 최소 1억 지원
철거·폐기물 처리 전액 국비로
소멸 우려 마을 회복사업 추진

지난 3월 경북 북부를 휩쓸고 간 초대형 산불 피해액과 복구비가 역대 최대 규모로 확정됐다.

경북도는 "지난 2일 초대형 산불의 피해액과 복구비를 중앙재난안전대책본부의 심의를 거쳐 확정했다. 1986년 이후 집계된 산불 통계치로는 역대 최대 피해 면적을 기록한 이번 산불의 피해액은 1조505억원, 복구비는 1조8310억원으로 확정됐다"고 6일 밝혔다. 복구비는 피해 주민 주거·생활 안정과 생업 복귀에 중점을 두고 편성됐다. 우선 산불로 집이 전소된 주민에게는 지원금과 기부금 등을 포함해 최소 1억원 이상 지원한다. 주택 피해로 인한 철거 및 폐기물 처리 비용은 전액 국비로 부담한다. 마을 전체가 불에 타면서 지역이 소멸할 우려가 있는 마을은 마을공동체 회복 지원 사업을 추진한다. 사업 대상은 특별도시재생사업(2지구), 마을단위 복구·재생 사업(5지구), 마을기반 조성 사업(17지구) 등 24개 지구다.

농작물과 피해 지원 단가도 실거래가 수준으로 100% 반영한다. 피해가 심한 사과·복숭아·단감·체리·배·마늘 등 6개 농작물과 밤·고사리·조경수·두릅·호두·약용류·더덕·떫은감 등 8개 산림작물은 지원율을 기존 50%에서 100%로 높였다. 농번기를 맞은 농민을 위해 농기계 피해 지원 품목도 11종에서 38종 전 기종으로 확대하고, 지원율도 기존 35%에서 50%로 높였다. 농축산시설 지원율도 기존 35%에서 45%로 높였다.

중소기업과 소상공인 지원도 확대한다. 사업장 전소 등 대규모 피해를 본 소상공인에게는 생계 안정을 위해 기존 500만원에서 2배 많은 1000만원을 지원한다. 이철우 경북지사는 "초대형 산불로 피해를 본 주민들이 이전보다 개선된 삶의 터전을 구축할 수 있도록 하겠다. 우기를 대비해 산불 피해 지역에 2차 재해가 발생하지 않도록 6월 중순까지 응급 복구와 예방 사업을 완료하겠다"고 말했다.

김규현 기자 gyuhyun@hani.co.kr

돈으로 회복할 수 있는 부분은 어디까지일까. 개인적인 회복은 알아서 해결할 수밖에 없는 문제일까. 인간은 강하니까 위기를 극복하며 각자도생으로 잘 살 수 있을까.

산불, 홍수, 화재 재난은 매해 반복된다. 잊지 못할 자연재해도 주기적으로 반복된다. 기후 위기 심화로 아무도 예측하기 어려운 전대미문의 재앙이 발생하는 건 시간 문제다.

먼 남의 일이 아니다. 어느 날 우리집에 재해가 찾아왔다. 이런 어이없는 일이 발생했을 때 나는 누구를 찾을 것인가, 어쩔 수 없는 일이라며 망연자실 손 놓고 있을 것인가. 막연히 호의를 가진 자원봉사들이 몰려와주길 기다릴 것인가, 정부의 보상금을 받으면 모든 것이 저절로 잘 해결될 수 있을까.

이 책은 2011년 동일본 대지진 후 10년간 구호활동을 한 일본 중간지원조직의 현장 기록이다. 현장만 기록하는 것이 아니라 현장으로 달려온 이들이 지난 1990년대부터 30년 이상 어떻게 형성되어 왔는지 추적한다. 즉, 비영리 부문에 대한 공시적·통시적 성찰이 어우러진 책이다.

비영리는 '무능하다, 폐쇄적이다, 돈 버는 법을 모르고 너무 비현실적인 이상만 추구한다'라는 비판이 있다. 이러한 비판에는 역으로 반문할 수도 있다. '유능하다는 것의 의미는 무엇인가', '개방적이 되려면 어떻게 해야 하는가', 그리고 모든 것이 위기로 치닫는 사회에서 '비영리와 영리를 명확하게 구분할 수 있을까'이다.

즉, 현실적 관점에서 비판을 수용하면서 비영리의 나아갈 방향을 다시 모색할 필요가 있다. 이 책을 통해 각종 위기에 직면한 지역에서 좀 더 나은 삶의 질을 추구하려면 어떤 협동이 필요한가를 찾고자 했다.

핵심 키워드는 개인, 정부, 기업이 아닌, '중간지원조직'이다.

2. 중간지원조직 형성사

흔히 정부(제1섹터)와 기업(제2섹터)과 달리 시민단체 혹은 시민사회 같은 비영리 영역을 제3섹터라고 부른다. 이 책은 1998년, 2011년 그리고 현재를 기준으로 NPO와 중간지원조직 등 제3섹터의 기능과 역할을 검토한다.

시작은 1998년이다. 일본의 NPO는 오래전부터 존재해왔지만 법적으로 공식화된 것은 1995년 고베 지진(한신·아와지 대지진) 때문이다. 지진이 발생하자 정부보다 먼저 이웃과 전국의 많은 자원봉사자들이 달려와 이 시기를 '자원봉사자 원년'이라고 부른다.

이러한 분위기를 배경으로 1998년 이른바 NPO법(「특정비영리활동촉진법」)이 만들어졌다. NPO법은 기왕에 붐을 이룬 자원봉사자들이 NPO를 쉽게 만들 수 있도록 지원하고 그들을 통해 협동형 사회를 이루자는 취지로 제정되었다.

이 법으로 많은 시민활동단체가 법적 지위를 부여받아 공식화되었다. 공식적인 인증을 표현하기 위해 단체명 앞에 '특정', '인정' 등의 명칭이 붙게 되었다. 새로운 조직들이 많이 만들어졌지만 자연스럽게 활성화되기에는 자금, 자원활용방법, 시설 등이 부족했다.

그래서 NPO의 활동을 지원하기 위해 '중간지원조직'이라는 새로운 조직이 등장했다. 중간지원조직의 기능과 역할은 미국의 Independent Center를 벤치마킹했지만 미국처럼 자금 지원뿐만 아니라 그 외에 자원 중개나 경영 지원 기능도 넣었다. 이게 일본식 중간지원조직 모델이다.

〈그림 1〉 일본 비영리 부문 형성사

초기(1951년~1991년)
1951년 민간 활동 지원 조직 수립

여명기(1992~1997년)
1992년 일본네트워커스회의 제2회 포럼에서 비영리조직(NPO)에 대한 사회적 공감대 형성
1993년 NPO 지원 센터 설립(일본 최초 NPO 지원조직)
1995년 한신·아와지 대지진(고베 대지진, 자원봉사자 원년)
1996년 일본NPO센터 설립
1996년 가나가와 현민활동지원센터(대표적인 공립공영 중간지원시설)
1997년 센다이·미야기 NPO 센터(일본에서 중간지원 용어 최초 사용, 대표적인 공립민영 시설, 종합 운영모델 스탠더드 '센다이 모델')

제도화기(1998~2010년)
1998년 [특정비영리활동 촉진법] (일명 NPO 법) 제정 목표는 협동사회 구현
1999년 '요코하마 코드'(시민활동과 행정의 협동 지침, 2012년 수정)
2003년 지정관리자 제도 실시
2004~2006년 헤세 대합병(지자체 통폐합)
2008년 정부 차원의 원탁회의 도입 노력(내각부) 대규모이기 때문에 원활하고 신속한 합의와 실천이 어려움
2011년 전국 최초 이바라키에서 지역원탁회의 개최
2011~2012년 민주당 정부 '신공공 지원사업' 87억 엔 규모. 도도부현에 한시적 기금 설치. 중간지원조직 급증의 계기. 엔고·디플레이션 대응을 위한 긴급종합경제대책의 일환으로 진행. 시민 활동 지원 관점에서 NPO를 활성화하는 것이 아니라 디플레이션 시대의 새로운 경제성장과 고용 효과를 모색한 것

전환기/과도기(2011년~현재)
2011년 동일본대지진 부흥사업으로 현장의 중요성 증가
2012년 부흥지원원사업(총무성, ※ 주에쓰 대지진(2004년) 당시 2007~2011년까지 51명 활동)
2016년 정부의 RMO 재정 지원
2020년 코로나 위기, 비영리 부문 위축/감소기
2022년 전국 RMO 7,207개(843개 지역)
2024년 전국 중간지원조직 127개, 중간지원시설 363개

중간지원조직은 각 섹터의 중간에서, 즉 정부-시민, 정부-기업, 기업-시민 그리고 시민-시민 사이에서 뭔가 지원하는 조직이다. 그런데 '사이'에서 제 역할을 하는 것은 어려운 일이다. 각 섹터의 수요를 정확히 파악해야 하고 지원하는 방법도 효율적이어야 한다.

어떤 조직이든 초기에는 의욕과 열정이 충만하며 추진력이 강하다. 그 모습을 발전이라고 평가하기도 한다. 그러나 추진력이 지속력을 확보하는 건 매우 어려운 문제다.

1998년 본격화된 중간지원조직은 2020년까지 20여 년간 제도화와

<그림 2> 중간지원조직의 기능

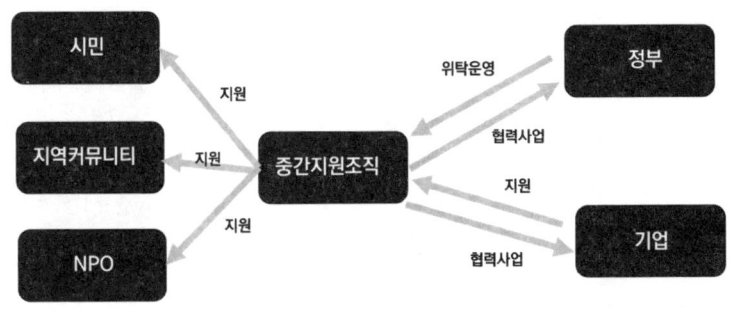

각종 정부 지원을 받으며 NPO의 활동을 지원했고 그만큼의 추진력을 확보했다.

그러나 2011년 동일본 대지진을 경험하며 그 기능과 역할에 대한 전환기를 맞이했다. 이 시기는 과도기라고도 부를 수 있는데 그동안 계속 진행해 온 중간지원조직의 ① 기반 정비 지원(시설 지원, 인큐베이팅, 네트워킹, 코디네이터, 제도 정비), ② 자원 중개 지원(자금+모든 자원 지원), ③ 경영 지원(운영 지원, 정보 제공, 컨설팅, 학습과 교류) 기능에 공과가 발생했고, 이 세 개의 지원에 '지방 현장'이라는 가치가 추가되었기 때문이다.

3. 중간지원조직의 공과

1) 공

이 책은 1998년부터 2010년까지 NPO가 확대된 데에는 중간지원조직의 역할이 컸다고 분석한다. 시설을 제공하고, 모금 시스템을 제공하고, 운영방식을 지원하면서 각지의 작은 NPO들이 제 역할을 찾아 시민사회를 역동적으로 만들었다고 평가한다.

물론 정부 지원이 있었기 때문에 가능한 것도 있었지만 민간 부문에서 '협동 사회 구현'을 위한 활동을 촉진한 가장 큰 '공'은 중간지원조직에 있었다고 분석한다.

2) 과

그러나 20여 년간의 활성화 과정을 통해 중간지원조직뿐만 아니라 NPO는 많은 비판도 받았다. 다만, 이 문제들을 단순히 '과'라고 평가하기에는 논란의 여지가 있다. 오히려 '과제'라고 평가하는 것이 적절할 것 같다.

① 중간지원 지상주의

'각 주체의 인식이 다르다는 것은 서로 대화 없이 그저 각자 입장에서 인식한 것을 지역 과제로 설정한다는 것을 의미한다. 과연 그것이 진짜 지역 과제일까에 대해 함께 논의하는 경우가 너무 없다. 그것이 큰 문제다'(1장)

'재정 규모가 작고 충분한 설비나 인원 확보가 어려운 민간지원조직이 공공시설 관리운영을 대행함으로써 그 한계를 극복하고 보다 충실한 지원을 받을 수 있게 되었다며 호의적으로 제도를 수용하는 단체들이 늘었다. 그러나 다년 계약으로 안정적 운영이 가능해진 반면 그때그때 신속하게 대응할 수 있는 민간의 장점이 제대로 발휘되지 못한다는 비판도 제기되었다. 인건비가 사업비에 포함되어 있기 때문에 행정 재정 악화로 충분한 예산이 확보되지 않으면 고용 안정에 타격받을 가능성도 매우 높았다.

시민 참여에 의한 공공 거버넌스를 위해 민간 파트너십 형성이 필요하다며 수용한 제도였지만 예산 삭감을 위한 하청화, 지자체의 공고한 관리적 사고, 지정관리자와 정보 공유 미흡으로 인한 서비스 저하 등의 문제가 나타났다. 지정관리자가 된 민간 지원조직도 시간이 지남에 따라 기존 관리 방식을 벗어나지 못한 채 민간조직으로서 자유롭게 일을 진행하지 못하고 고용 불안으로 이직률이 높아지는 문제에 직면했다.'(2장)

NPO와 중간지원조직 등 비영리 조직이 법적 주체가 되고 각종 지원을 받은 결과, 그런 구조에 너무 익숙해져 안주하는 경향이 나타났다.

구조 속에서 자기들만 알아들을 수 있는 폐쇄적인 논의만 진행하는 경향이 심화되었고, 지역 수요에 부응하기보다 자기 단체 생존에만 지나치게 천착하는 경향이 나타났다.

언제까지 정부의 지원이 이어질지 모르는 상태에서 정부의 지원 중단이나 코로나 위기, 인구감소로 인해 지역의 작은 비영리 조직은 소리 소문 없이 사라지게 되었다.

② 행정의 중간지원 도구화

'협동 과정의 형해화에는 행정 책임도 있다. NPO가 제도화되면서 협동 담당 부서가 설치되었지만 이는 수직적인 행정의 일부가 담당하는 협의의 협동일 뿐이었다. 협동 담당과가 설치되었지만 협동에 대한 대응은 현저히 둔감해졌다. 각 지자체에서 협동 매뉴얼을 만들어도 상황은 나아지지 않았고 오히려 지역 과제를 다루는 과들이 협동과는 거리가 먼 방식으로 진행한다는 오해만 쌓여갔다.'(1장)

'협동 방법'의 하나인 위탁방식도 NPO에 위탁하는 것 자체가 협동이라는 식으로만 이해하여 위탁에 이르는 과정에서는 협동이 이루어지지 않고 있다. 행정에서 민간에게 일방적으로 업무를 이관 위탁하는 것을 협동이라고는 말하지 않기 때문이다.'(1장)

중간지원조직은 정부와 시민 사이에서 제 역할을 찾는 것이 아니라 정부의 사업 청부형 조직이 되어 행정 쪽의 목소리를 시민사회에 일방적으로 전달하는 경향이 심화되었다.

〈그림 2〉중간지원조직의 기능만 보아도 정부나 기업과는 양방향 화살표로 수요와 공급이 있지만 시민사회 쪽으로는 지원만 나타나 있다. 정부의 푸시(push)만 수용하고 현장의 자세한 수요 파악이 미흡한 것이다.

더구나 정부는 NPO 지원을 중간지원조직에 위탁하면서 민간과의 '협동' 목표를 달성한 것이라고 간단히 치부해버렸다. 수직적 행정 구조 속에서 협동담당부서를 만들고 협동이 이루어졌으니 됐다고 행정편의적으로 결론지었다(우리나라엔 협동담당부서 자체가 없다).

당연히 '누구를 위한 중간지원조직인가'라는 비판이 제기될 수밖에 없다.

③ 사업지상주의, 결과중심주의

'지역 과제 발견과 공유를 둘러싼 관계는 협동보다 일방향적인 경우가 많다. 즉 사전에 행정이 일방적으로 정한 지역 과제를 그대로 NPO에 위탁하거나 거꾸로 NPO가 협동 제안형 사업이라고 제안한 과제가 그대로 협동사업으로 채택되는 식이다. 활동 그 자체가 목적이 되어버린 채, 지역의 잠재적 과제 발굴이나 수평적 논의구조 및 논의 공유 등은 사라져 버리고 마는 것이다.'(1장)

'NPO는 사업 수탁과 조성금 획득을 통한 사업성만 강조한 나머지 지역 과제 발굴과 공유라는 과정을 누락시킴으로써 운동체로서 NPO 고유의 역할이 형해화되어 버렸다.'(1장)

'지역 지원에서는 성과보다 과정이 중요합니다. 중간지원조직이 이게 더 좋은 방식이라고 제안하는 것이 아니라 당사자들이 더 좋은 방식을 실감하며 스스로 해보고 싶다는 의식이 들도록 지원해야 합니다.'(부록)

'2010년부터 3년간 실시한 지역사회 고용창조사업도 시민활동단체와 그를 지원하는 중간지원조직에 공적 자금을 투입했다. 이러한 움직임에 대해 '돈 뿌리기'나 '공적자금 소화형'이라는 비판이 제기되었고 각 단체들은 기존 사업을 무비판적으로 실시·전개하는 상황이 되었다. 중간지원 기능의 일반화, 정착화, 경직화가 나타난 것이다.
공간 임대나 강좌만 제공한다면 공민관 등 기존 커뮤니티 관련 시설과 무엇이 다른가? 되려 지자체 재정 당국이 중간지원시설을 행정개혁의 일환으로 재편 대상에 포함하는 상황까지 나타났다. 중간지원시설의 경직화 문제는 다음 두 가지로 정리할 수 있다.

첫째, 중간지원 기능의 다양성 상실이다. 특히 운영 부문이 그러하다. 중간지원조직은 지역성과 인구 규모 등 각 조건에 따라 다양하다. 공립 중간지원시설은 기본적으로 시민 서비스를 위한 것이지만 그 안에 노하우를 가진 사람(NPO)이 있으면 뭔가 더 고도의 서비스를 제공할 수 있다.

그런데 현실은 행정보다 나은 독자적 능력을 실감할 수 없게 되어 버렸다. 오히려 대부분은 지자체 협동정책의 상징처럼 이용되며 민간 운영주체=공립민영형 그 자체만 목적이 되어버렸다. 게다가 장기적으로 지정관리자 운영이 이어지면서 특정 단체의 노하우만 축적되는 등 분권형·분산형 모델을 찾기 어려운 상황이 되어 버렸다.

고령화와 인구 감소에 직면한 지역 현실에서 지역 문제는 더욱 다양해지고 있다. 그 안에서 중간지원조직의 지원 기능도 다양해지고 전국 각각의 실천 활동 노하우가 좀 더 능동적으로 공유되어야 한다.

둘째, 중간지원 기능을 둘러싼 시민과 행정의 협동 문제이다.

기반 정비만 우선시하며 내실 있는 협동은 취약해진 부분도 있다. 조례, 지침 등 제도 정비와 함께 지원센터 설립이 곧 중간지원시설 정비가 되어 그 자체만으로 협동이 실현된 것으로 오해하고 있다.

보다 중요한 것은 어떤 중간시설인가이며 그 목적과 기능을 지역 실정과 시민 수요를 파악하며 협동형으로 구축하는 것이다. 지원시설 구상과 계획 단계에서 시민 참여(의견 표명 기회)가 있고 실시 단계에서도 서로 역할 분담과 시설 기능 수정을 위한 논의 등 행정, 운영주체 각각의 역할 재구축 등 협동 프로세스를 시행해야 한다.'(3장)

제도화와 지원 확대 과정 속에서 현장의 수요를 면밀히 파악하지 않은 채 일방적으로 사업만 진행하는 경향, 정부의 수탁을 위한 무한 경쟁 심화 등이 나타났다. 지정관리자제도 등은 그러한 경쟁에 불을 지폈다.
그리고 사업성과로 활동 증명을 하는 실적중심구조가 고착되었다. 과정에서의 협동과 현장 문제 해결보다는 돈받은 만큼 '결과로 증명'하는 것이 중심 가치가 되었다.

④ 협동 가치, 현장 중심 가치 실종
'요코하마 코드는 시민활동과 행정의 '협동 원칙'으로 대등, 자주성 존중, 자립화, 상호이해, 목적 공유, 공개라는 6개 항목을 규정한다. 여기에 기초한 구체적 '협동 방법'은 보조·조성, 공동 개최, 위탁, 공공재산 활용, 후원, 정보교환이라는 6개 방식을 제시한다. 이런 원칙에 근거하여 시민활동과 행정이 협동관계를 구축한 후 기본 사항을 결정하는 식으로 진행한다.'(1장)

'협동의 본질적 의미와 제도, 중간지원조직의 운영과 기능은 각 지역 사정에 맞춰 시민들이 참여하여 독자적으로 구성하는 창조적 영역이다. 그러나 실제로는 창조보다 모방이나 제도화 자체만 목적이 되어버

렸다.'(1장)

지역과제는 다양화, 복잡화, 개별화하는 데 마켓인 방식이 아니라 프로덕트 아웃방식으로 접근한 결과, 수단으로서의 협동이 목적이 되어버리는 협동의 형해화 문제가 발생했다. 지역 수요와 단체 활동, 중간지원의 목적간에 괴리가 심화되었다.

⑤ 중간지원 정체성에 대한 의문
'너무 표현에 얽매일 필요는 없지만 지역 지원조직은 경영 지원이나 기반 정비에 치중하는 경향이 있기 때문에 '중간'이라는 말보다 '중개'라고 표현하는 것이 적절한 상황이다.'(2장)

'시민활동의 고객은 지원센터가 지원하는 단체활동보다 우선한다. 지원센터 이용자(단체)들은 센터를 이용하면서 문제의식을 품은 개인과 과제 해결을 위해 활동하기 때문이다.'(3장)

'NPO와 중간지원조직은 어떤 역할을 담당해야 할까. 일본 사회에서 NPO가 등장한 것은 사회 과제의 심각성 및 행정·기업·지역 영역의 기능 부족 때문이었다. 그러나 NPO의 과제해결 노력 과정에서 다방면의 적극적인 상호관계가 실현되었는지는 여전히 의문이다. '협동의 공동화(空洞化)' 현상이 존재하고 있기 때문이다.
행정조직과 지역사회의 약화·유동화도 진행되고 있다. 재정 행정 개혁의 임계점이 된 헤세 대합병으로 행정은 대폭 축소되어 고령화와 인구 감소에 대응할 수 있는 지역 역량은 나날이 취약해졌다.

전국에 공통으로 존재하는 여성회(부인회), 노인 클럽(장수회), 어린이회, 청년단의 축소와 해산, 자치회·마을회 운영 불가 등 지역 만들기를 지탱했던 단체의 힘도 약해졌다. 설상가상으로 코로나 확대 때문에 지역 활동 축소와 중단이 이어졌다.

이런 상황을 개선하고자 최근에는 교류인구, 관계인구 등 커뮤니티 유동화를 추구하는 움직임도 있다. 그 속에서 NPO는 독자 영역의 활동뿐만 아니라 지역사회의 하나의 플레이어이자 당사자로 활동해야 한다는 의견이 제기되었다.

문제는 NPO 담당자들이 그런 새로운 변화와 문제의식을 자각하고 있는가이다.'(4장)

이러한 문제들은 결국 '중간' '지원' '조직'에 대한 의문으로 이어졌다. 중간이라기보다는 단순 '중개'에 지나지 않는다는 비판도 나왔다. 또한 직접 지원하는 것과 중간 지원하는 것 중 어느 것이 더 효과적인가의 문제도 제기되었다.

4. 중간지원조직 기능의 전환

비영리 부문의 공과가 20여 년간 누적된 상태에서 2011년 동일본 대지진이 발생했다. 피해지중의 한 곳인 나미에정은 피해복구과정에서 두 가지 대표적인 지원사업을 실시했다. 이 책은 그 두 개의 사업을 통해 '현장'과 '연결'의 위력을 실감하며 시작된 책이기도 하다.

책은 1장~4장에서 일본 NPO와 중간지원조직 형성의 역사를 정리하고, 5장~9장에서 동일본 대지진 부흥사업으로서 '나미에마음통신'과 '부흥지원원사업'을 소개한다. 이어서 10장~11장에서는 중간지원조직의 새로운 지원방식으로서 지역문제 제안부터 실천까지 논의하는 지역 원탁회의 사례, 12장~14장에서는 NPO 지원이 아닌 지역 직접 지원과 아웃리치형 중간지원 사례를 소개하고 15장~16장에서 앞으로를 전망한다.

특히 중간지원조직의 새로운 역할과 기능 수립을 위해 전개한 5개 사업은 눈여겨볼 만하다.

'피난민을 직접 지원하는 것과 중간지원조직을 통해 지원하는 것은 무엇이 다른가. 중간지원도 현장을 모르면 움직일 수 없다. 자신들도 현장으로 가서 활동하면 현장과 연대가 생긴다. 그렇게 형성된 현장과의 신뢰관계는 상당히 밀접하게 발전할 수 있다.

피해를 당한 일뿐만 아니라 육아나 생활면에 있어서 NPO 활동가의 이야기를 듣기만 하는 데에서 그치지 않고 중간지원조직도 직접 움직이면서 현실을 더 실감나게 알 수 있다.

특히 긴급할 때에는 누군가 도와 줄 때까지 기다리는 것이 아니라 직접 움직여야 한다는 것을 깨닫게 된다. 일단 수요가 발생하면 적극적으로 움직이고 중간에서 NPO에 신속하게 연락하고 함께 움직이는 것이 중

간지원조직의 역할이다.'(7장)

'한 사람의 백 걸음에서 백 명의 한 걸음으로'(8장)

① **마음 연결하기(마음 통신)**

'나미에 마음 통신'은 일종의 소식지로서 2011~2022년 11년간 총 119호를 발행했다. 취재건수 466건, 연 취재협력자 132명의 기록도 있다. 이런 지역 홍보지나 뉴스레터는 어느 지역이나 있다.

그러나 마음 통신의 핵심은 현장을 찾아가 주민의 소리를 듣는다는 것이다. 그것도 일반 현장이 아니라 피해지와 전국의 피난처를 찾아가 주민 2만 여 명의 마음을 모두 전하고자 했다. 소수 몇 명이 취재한 것이 아니라 전국의 NPO와 중간지원조직이 도왔다. 위기를 기점으로 네트워킹이 이루어진 것이다.

또한 지자체의 일방적인 부흥사업 홍보만 한 것이 아니라 피난민의 갈등과 정부 비판 등 모든 소식을 가감 없이 게재했다. 그 과정에 지자체도 적극적으로 협력했다.

'피난이나 귀환은 가족들 사이에서도 미묘한 주제이다. 당시 나미에정의 바바 정장은 "2만 천 명의 주민에게는 2만 천 개의 마음이 있다. 그러므로 (그에 맞춰) 2만 천 개의 지원을 해주기 바란다"고 말했기에 방문과 취재를 반복하면서 더욱 신중하게 접근했다.'(8장)

② 당사자가 당사자를 지원하기(부흥지원원)

또다른 사업은 피해지를 직접 방문하여 의견을 수렴하는 부흥지원원 사업이다. 부흥지원원은 2012년~2018년까지 10개 거점에서 28명이 활동했다. NPO와 중간지원조직 활동가뿐만 아니라 주민들도 참여했다.

낯선 사람의 방문을 경계하지 않도록 동행 방문한 것이다. 현장의 애로사항을 신속하게 대응하기 위해 전국 단위의 추진회의도 운영하고, 현장의 의견을 수렴하여 소규모 교류회인 '옆집입니다'(소규모 교류회) 사업도 전개하였다.

이렇게 현장 중심으로 꾸준히 노력하지 않았다면 그저 지자체 차원의 '대규모' 피난민 네트워크 사업 정도만 시행되었을지도 모른다.

'부흥지원원은 피난민의 개별 문제를 발견했고 이들에 대해 좀 더 신중하게 대응할 필요가 있다는 이유로 부흥지원원의 활동내용을 다음 5개로 결정했다.

① 호별 방문으로 상황 파악(치료가 필요한 사람은 전문기관으로 연결)
② 교류회, 살롱 등 개최(피난민 연결)
③ 피난처 지자체·지원 단체 연계(피난처 지역과 피난민 연결)
④ 정보수집과 제공(나미에정 정보를 피난민에게 제공, 피난민의 고민과 문제를 나미에정에 전달)
⑤ 정보 발신(뉴스레터, 블로그, 미디어 취재 대응 등)'(9장)

③ 모두 의견을 나누고 구체적으로 실천하기(지역원탁회의)

'이제까지는 행정에 권한과 책임이 집중되었고 행정이 사회 문제 해결의 주체였지만 사회문제의 질적 양적 변화와 행정의 재원 부족 때문에 행정의 해결능력이 약해졌다. 거기에 주민, 시민단체, 지역의 사업소에 과제해결에 관한 책임의 일부를 맡기려는 형국이다.

그러나 행정 이외의 민간 주체에 책임을 맡기려면 행정이 일방적으로 계획과 규칙을 제시해서는 안된다. 그래서 다중 이해당사자 회의가 대안으로 떠올랐고 그 수단으로서 원탁회의가 필요하게 된 것이다. 이것이 원탁회의의 도입 배경이다.'(10장)

'지역원탁회의는 시간도 오래 걸리고 (수익이 발생하지 않으니) 실무 운영비 확보도 어려운 작업이다. 행정의 인사이동이 많은 조직의 경우에는 새로 온 담당자에게 그때까지의 과정을 모두 설명해야 한다. 네트워크 참여 의의를 충분히 공감하지 않으면 참여도가 낮아질 수 있다. 이런 문제를 방지하기 위해서는 교류의 잇점, 논의의 화학작용 체험, 네트워크 확대 등 성공체험을 많이 하게 지원해야 한다. 모두 함께 만들자고 모처럼 모여도 공동의식이 없으면 문제 발굴조차 어렵기 마련이다.'(10장)

다중 이해당사자회의를 진행하기 위해 지역마다 원탁회의가 실시되는 것도 눈여겨볼 만하다. 이 회의에는 공무원들도 참여 하는데 공무원이 말하면 기관의 발언이라고 부담을 느낄까 봐 그런 심리적 장애물을 제거하고 누구나 자유롭게 발언하는 것을 원칙으로 진행한다.

또한 그저 다양한 의견을 수렴하는 것에 그치지 않고 구체적인 실천까지 도모하며 참여의 심리적, 제도적 효능감을 높이고자 노력한다.

이러한 지역원탁회의는 아마도 우리나라에서 진행하는 주민자치회의 확대 버전이라고도 평가할 수 있을 것이다.

④ 현장에서 의제 발견하기(권역 담당제, 가구 방문 등 아웃리치형 사업)

과거의 지원이 NPO의 활동 지원 중심이었다면 지금은 '지역 현장' 지원, 구체적 지원 등이 중요해지고 있다. 이를 위해 NPO와 중간지원조직은 적극적이고 효과적인 '진짜' 지역 수요를 발굴 하여 행정-중간지원조직-NPO-지역 현장간 격차를 줄이고자 한다.

2011년을 기점으로 현장에 깊이 들어가 피난민을 만나고 그들의 생각과 삶을 접하면서 지원의 방식이 달라진 점도 있다. 이제는 누군가가 누군가를 지원하는 것이 아니라 서로 대화하며 함께 성장하는 방식으로 변했고, 적어도 비영리 영역에 관한 한 시민이라는 주체의 생각과 의지에 집중하며 활동을 전개해야 하고 그 연장선상에서 지역에 기반한 '커뮤니티 활동 지원'이 중요해졌다.

'중요한 것은 자치력의 향상이다. 무언가를 위해서 해주는 것이 아니라 함께 생각하고 함께 궁리하려는 의지를 만드는 것이 중요하다. 따라서 그때그때 상황에 맞게 '보는 지원', '함께 있는 지원' 그리고 퍼실리테이터처럼 개입하는 '직접 지원'을 실행한다.

이런 지원을 시행할 때에는 매번 전력투구하기보다 완급을 조정하면서 과정을 만드는 것이 중요하다. 또한 중간자는 다른 분야와의 연대도 의식하며 연결하여 성과를 낼 수 있어야 한다. 중간자의 인도에 의해 방향성이 정해질 수 있기 때문에 처방법을 신중하게 제시해야 한다. 단순히 사례 소개나 조언하는 것이 아니라 생각의 기회를 제공하고 스스로 결론 내릴 수 있도록 과정을 지원한다. 안건에 따라 연결하는 방법도 사용한다. 지역 내외에 전문 단체와 관계기관이 있으므로 전문가들의 조력으로 보다 높은 성과와 지역의 부담을 줄일 수 있는 방안을 모색해야 한다. 그러기 위해 지원조직은 지역 내와 시내의 단체 등과 커뮤니케이션 하는 관계를 구축해야 한다.'(14장)

'지원할 것은 프로세스. 마주할 것은 현장이다. 마을지원원과 지역부흥협력대 등을 배치하여 지역 만들기를 추진하는 지자체가 많다. 그러나 인원 배치가 능사는 아니다. 이들이 잘 활동하도록 업무를 제시하고 일할 수 있는 환경을 만들어야 한다.'(14장)

⑤ 네트워킹 활성화

이 책의 편저자는 동일본 대지진 당시 전국의 피난민을 파악하고 지원사업을 전개하는 데에는 각지의 비영리 조직의 지원이 매우 큰 힘이 되었다고 회상한다.

또한 피난지에서 활동한 모든 사람들의 애로사항을 듣기 위해 전국 단위의 추진회의를 운영한 것이 꽤 효과적이었다고 평가한다.

이와 같은 지역 내외의 네트워킹은 고립, 고착, 폐쇄성을 극복할 수 있는 효과적인 전략이다.

'지역 문제는 서로 깊게 연관되어 있다. 그러나 지방의 행정은 여전히 농림과, 주택과, 토목과, 위기관리과, 복지과, 교통과 등으로 구분되어 있다. 따라서 이런 수직 구조를 넘어선 수평 연대가 필요하다.'(13장)

5. 책의 시사점과 쟁점

이 책은 그동안 중간지원 지상주의, 행정의 중간지원 도구화, 사업지상주의/결과중심주의, 협동 가치/현장 중심 가치 실종, 중간지원 정체성에 대한 의문 등의 비판이 진행되었지만 좀 더 현장을 찾아가고 당사자 스스로 의욕을 갖고 참여하게 하면서 중간지원조직의 새로운 기능을 찾아가는 과정을 그리고 있다.

여전히 중간지원은 조직? 시설? 기능?인가라는 의문이 남는다. 그리고 책의 여러 곳에서 중간지원의 기능을 너무 강조하기 때문에 NPO 무용론에 가까운 주장을 하는 것은 아닌가 하는 의문도 있다.

그러나 좀 더 적극적으로 해석하면 이 책의 주장은 중간지원조직이 NPO뿐만 아니라 지역 커뮤니티 지원으로 지원 범위를 확대해야 하고 그 과정에서 지역 현장 중심성이 더 커져야 한다는 것이다. 이는 우리 사회의 비영리 부문에서 유념할 부문이기도 하다. 그런 의미에서 이 책의 제목을 '비영리의 진화'라고 정했다.

앞으로 우리 사회는 다수의 협력이나 사회적 가치 추구 활동이 더 중요해질 것이다.

정부의 행정 처리는 결국 국민을 위해 존재하는 것이며, 기업의 상품과 서비스 제공 활동도 결국 소비자를 위한 것이다. 국민이나 소비자로서 다수가 요구하는 것을 수렴하여 정부 행정과 기업 활동이 이루어져야 한다는 것은 당연한 이치다.

거기에 비영리 활동이 하나의 연결고리와 촉매제로 작동한다. 환경이 좋아지면 환경단체가 필요 없고 민주주의가 잘 구현되면 민주주의란 말 자체가 필요 없어질 수 있듯이 다수의 수요가 잘 충족되면 굳이 중간지원이라는 말이 필요 없어질 것이다.

그러나 현실은 여전히 좀 더 많은 좀 더 적극적인 비영리 지원활동이 필요하다. 부디 이 책을 기회로 앞으로 비영리의 활성화를 위해 무엇이 더 필요한가라는 고민을 함께 하게 되면 좋겠다.

그 어느 때보다 역자 후기를 길게 작성했다. 중간지원조직과 비영리 부문에 대한 관심이 크기 때문이기도 하지만 역사와 사례로 구성된 이 책의 내용이 지역 활동가 외의 일반인에게는 다소 이해하기 어려울 것 같다는 우려 때문이기도 하다.

또한, -늘 번역서를 내면서 강조하지만- 일본 등의 해외 사례나 지역 밖의 사례는 '선진' 사례가 아니라 '선행' 사례다. 즉 앞서 누군가 한 일은 참고 사례일 뿐 반드시 그대로 따라 할 필요도 없고 따라 할 수도 없다. 누군가 오래 겪은 경험의 결과를 반복하려면 그대로 오래 경험해야 한다는 말도 안 되는 결론이 나온다.

중요한 것은 오랜 시간의 경험 속에 녹아 있는 시사점을 암묵지로 파악하고 나의 실천의 동력으로 만드는 것이다. '오늘', '여기에서', '나'와 '우리'가 하고자 하고 할 수 있는 것에 집중하는 것이 훨씬 영양가 있는 접근이다.

"사람이 만든 책보다 책이 만든 사람이 더 많다"는 말이 있다. 달리 말하면 "사람이 만든 책보다 책이 만든 지역이 더 많다"고 생각한다.

2025년 9월
역자를 대표하여
조희정

초판 인쇄 2025년 09월 10일
초판 발행 2025년 09월 10일
편저자 사쿠라이 쓰네야
역자 윤정구·조희정

발행인 서복경
펴낸곳 더가능연구소
판매처 이숲

주소 04071 서울특별시 마포구 성지길 36-12, 2층 (합정동, 꾸머빌딩)
전화 (02)336-4050
팩스 (02)336-4055
이메일 book@theposslab.kr
인스타그램 @poss_lab

표지 디자인 이상용
제작 이숲

ISBN 979-11-981812-8-2 93330
※ 값은 뒤표지에 표시되어 있습니다.
※ 잘못된 책은 구입처에서 교환해 드립니다.